Steiner/Mittländer/Fischer (Hrsg.)

Einigungsstelle und Arbeitsgericht
Grundwissen für neue Betriebsratsmitglieder
Band 5

AUF DEN PUNKT

In der Reihe *Auf den Punkt* erscheinen 8 Bände mit *Grundwissen für neue Betriebsratsmitglieder*:

Band 1 Mitbestimmung
Band 2 Betriebsratssitzung und Beschlussfassung
Band 3 Betriebsversammlung
Band 4 Rechte und Pflichten als Betriebsratsmitglied
Band 5 Einigungsstelle und Arbeitsgericht
Band 6 Einführung in das Arbeitsrecht
Band 7 Betriebsvereinbarung
Band 8 Das Einmaleins der Betriebswirtschaft

Mit Online-Quiz unter
www.bund-verlag.de/Einsteiger-Quiz

Außerdem sind in der Reihe *Auf den Punkt* erschienen:

Michael Bachner (Hrsg.): BetrVG für den Betriebsrat
Christopher Koll/Maike Koll: Lexikon für den Betriebsrat

Steiner/Mittländer/Fischer (Hrsg.)

Einigungsstelle und Arbeitsgericht

Grundwissen für neue Betriebsratsmitglieder

Band 5

Autorin: Erika Fischer

3., aktualisierte und überarbeitete Auflage

BUND
VERLAG

Bibliografische Information der Deutschen Nationalbibliothek
Die Deutsche Nationalbibliothek verzeichnet diese Publikation in der Deutschen Nationalbibliografie; detaillierte bibliografische Daten sind im Internet über *http://dnb.d-nb.de* abrufbar.

3., aktualisierte und überarbeitete Auflage 2026

Umschlag: felixschramm Visuelle Kommunikation, Bochum
Satz: Dörlemann Satz, Lemförde
Druck: CPI books GmbH, Birkstr. 10, 25917 Leck

ISBN 978-3-7663-7595-7

kontakt@bund-verlag.de
www.bund-verlag.de

Inhaltsverzeichnis

Abkürzungsverzeichnis

Abs.	Absatz
AG	Arbeitgeber
AktG	Aktiengesetz
ArbGG	Arbeitsgerichtsgesetz
ArbZG	Arbeitszeitgesetz
BAG	Bundesarbeitsgericht
BetrVG	Betriebsverfassungsgesetz
BR	Betriebsrat
f.	folgende
ff.	fortfolgende
GBR	Gesamtbetriebsrat
ggf.	gegebenenfalls
GmbH	Gesellschaft mit beschränkter Haftung
Hrsg.	Herausgeber
i. S. d.	im Sinne des
i. V. m.	in Verbindung mit
JAV	Jugend- und Auszubildendenvertretung
KBR	Konzernbetriebsrat
LAG	Landesarbeitsgericht
Nr.	Nummer
z. B.	zum Beispiel

I. Einführung

Für Betriebsräte ist es nicht immer einfach, ihre Rechte durchzusetzen. Dafür ist der Interessengegensatz zwischen Arbeitgeber und Betriebsrat[1] meist zu groß. Für Betriebsräte ist es deshalb wichtig, sich Strategien zur Durchsetzung ihrer Ziele zu überlegen. Grundsätzlich ist das wichtigste Mittel die **Verhandlung mit dem Arbeitgeber**. In vielen Fällen genügen aber wichtige Argumente auf Arbeitnehmerseite nicht, um den Arbeitgeber zu überzeugen. Dann muss der Betriebsrat sich Mittel und Wege überlegen, um dennoch sein Ziel zu erreichen. Dies kann durch Einbindung der Belegschaft geschehen, um dem Arbeitgeber die Bedeutung eines bestimmten Themas zu verdeutlichen. Es kann aber auch notwendig werden, sich externen Beistand zur Streitschlichtung zu holen.
Die **Einigungsstelle** als eine Möglichkeit der Streitschlichtung ist in Deutschland allgemein anerkannt und gewünscht. Anderenfalls käme es in den Betrieben zu einer unerwünschten Pattsituation zwischen Arbeitgeber und Betriebsrat, die nicht aufzulösen wären. Auch wenn die Einigungsstelle immer auch mit Kosten für den Arbeitgeber verbunden ist, ist sie ein wirksames Instrument, um Konflikte zwischen Betriebsrat und Arbeitgeber zu beenden, aber oft auch zu befrieden.

Deshalb: Besser Konflikte über eine Einigungsstelle beenden, als sie immer weiter im Hintergrund schwelen zu lassen. **!**

Für manche Konfliktsituationen sind aber ausschließlich die Gerichte zuständig. Auch vor den **Arbeitsgerichten** geht es primär darum, zwischen den Betriebsparteien bestehende Konflikte zu beenden. Viele Betriebsräte scheuen sich, ihren Arbeitgeber »anzuklagen«. So ist es aber nicht. Vor dem Arbeitsgericht wird niemand angeklagt. In den Verfahren zwischen Arbeitgeber und Betriebsrat wird über bestimmte Anträge, die zur

1 In diesem Werk wird der Einfachheit halber nur die männliche Form verwendet. Die Form schließt selbstverständlich alle Geschlechter mit ein.

Klärung einer Sach- oder Rechtsfrage aufgeworfen wurden, entschieden. Auch eine solche gerichtliche Klärung kann daher bestehende Konflikte beenden. Deshalb sollte der Betriebsrat keine Scheu haben, auch vor Gericht zu ziehen. Das wird sogar unbedingt notwendig, wenn Arbeitgeber meinen, sie müssten zugunsten der Arbeitnehmer und des Betriebsrats bestehende Gesetze nicht einhalten.

! **Gesetzesverstöße durch den Arbeitgeber sind kein Kavaliersdelikt.**

II. Durchsetzungsmöglichkeiten von Betriebsratsrechten

Unterschiedliche Beteiligungsrechte ziehen bestimmte rechtliche Durchsetzungsmöglichkeiten nach sich. Manchmal kann der Betriebsrat zwischen unterschiedlichen Wegen wählen. Deshalb ist es wichtig, dass der Betriebsrat sich für den für ihn und die Mitarbeiter richtigen Weg entscheidet.

Checkliste zum systematischen Vorgehen auf Seite 60 f.

Damit der Betriebsrat eine ausreichende Grundlage für seine Entscheidung hat, sollte er alle Fakten, die ihm bekannt sind, zusammentragen. Wenn Informationen fehlen, müssen sie beschafft werden.

Zur Durchsetzung der unterschiedlichen Rechte sollte der Betriebsrat immer zuerst überlegen, welches Ziel er verfolgt. Wenn die Zielsetzung klar ist, wird es meist einfacher, sich die Durchsetzungsmöglichkeiten zu überlegen.

Fakten sammeln

Durchsetzen kann der Betriebsrat seine Rechte auf folgenden Wegen:

- Beteiligung der Belegschaft
- Beteiligung der Gewerkschaft
- Verhandlungen/Gespräche mit dem Arbeitgeber
- Hinzuziehung von Sachverständigen
- Einigungsstelle
- Arbeitsgerichtliches Verfahren

Durchsetzungsmöglichkeiten überlegen

> **Beispiel 1:**
> Der Arbeitgeber hat ohne Zustimmung des Betriebsrats **Kameras zur Überwachung** der Arbeitnehmer aufgehängt. Der Betriebsrat erfährt davon und ist sauer, weil sein Mitbestimmungsrecht nach § 87 Abs. 1 Nr. 6 Betriebsverfassungsgesetz (BetrVG) nicht beachtet wurde. Wütend fordert er den Arbeitgeber auf, die Kameras abzuhängen. Der Arbeitgeber schlägt vor, eine Einigungsstelle einzusetzen. Wie sollte der Betriebsrat reagieren?

Ziele und Fakten

Ziel des Betriebsrats ist es, die Kameraüberwachung zu verhindern. Eine Befragung der Belegschaft ergibt, dass auch die Kollegen wegen der Überwachung sauer sind. Die Gewerkschaft rät dem Betriebsrat, nicht so einfach aufzugeben. Rechtlich gibt es nun zwei Möglichkeiten des Vorgehens:

- Der Betriebsrat ruft die Einigungsstelle an. Dann wird es eine Regelung geben, wo die Kameras aufgehängt werden, welche Aufzeichnungen erlaubt sind und wann die Aufnahmen gelöscht werden.
- Der Betriebsrat leitet eine einstweilige Verfügung vor dem Arbeitsgericht ein, um dem Arbeitgeber aufzugeben, die Kameras wieder abzuhängen.

Näheres zur einstweiligen Verfügung auf Seite 52ff.

Der Betriebsrat entscheidet sich für die zweite Möglichkeit, weil nur durch die einstweilige Verfügung sein Ziel erreicht werden kann.

> **Beispiel 2:**
> Der Arbeitgeber lässt **Überstunden** arbeiten, ohne den Betriebsrat vorher zu informieren. In vielen Fällen hat der Betriebsrat bereits im Vorfeld der Anordnung der Überstunden Kenntnis davon, dass mal wieder Überstunden geplant sind.

Ziele und Fakten

Ziel des Betriebsrats ist es, dass der Arbeitgeber das Mitbestimmungsrecht nach § 87 Abs. 1 Nr. 3 BetrVG nicht missachtet. Gegen die Überstunden hat er im Moment nichts, da ein Großauftrag akquiriert werden konnte und die Arbeit – zumindest im Moment – nicht anders abgearbeitet werden kann. Rechtlich gibt es zwei Möglichkeiten des Vorgehens:

- Der Betriebsrat leitet ein einstweiliges Verfügungsverfahren vor dem Arbeitsgericht ein, um dem Arbeitgeber aufzugeben es zu unterlassen, Überstunden ohne seine Zustimmung arbeiten zu lassen. Dies geht aber immer nur für bestimmte Überstunden, von denen der Betriebsrat im Vorfeld erfahren hat.
- Der Betriebsrat leitet ein Beschlussverfahren nach § 23 BetrVG ein, weil der Arbeitgeber grob gegen seine Verpflichtung aus dem BetrVG verstoßen hat. Damit kann erreicht werden, dass der Arbeitgeber zukünftig jede Anordnung von Überstunden zu unterlassen hat, wenn der Betriebsrat nicht vorher zugestimmt hat. Hat der Betriebsrat eine rechtskräftige Entscheidung, muss der Arbeitgeber bei jedem weiteren Verstoß ein Ordnungsgeld zahlen.

Näheres zum Verfahren nach § 23 BetrVG auf Seite 54ff.

Der Betriebsrat entscheidet sich für die zweite Möglichkeit, da er nicht die momentanen Überstunden verhindern will. Vielmehr will er erreichen, dass zukünftig sein Mitbestimmungsrecht eingehalten wird.

> **Beispiel 3:**
> Der Arbeitgeber beabsichtigt ein elektronisches Zeiterfassungssystem einzuführen. Arbeitgeber und Betriebsrat verhandeln schon seit 2 Monaten über die Einführung. Eine Einigung konnte bisher nicht erzielt werden. Beim

Betriebsrat ist der Eindruck entstanden, dass der Arbeitgeber die Verhandlungen verzögert.

Ziel des Betriebsrats ist es, das Arbeitszeiterfassungssystem schnellstmöglich einzuführen, damit alle Arbeitszeiten erfasst und vergütet werden. Gegen die Einführung und Anwendung des Systems hat der Betriebsrat keine Einwände. Die Anwendung soll nur ordentlich geregelt sein.
In diesem Fall fasst der Betriebsrat den Beschluss, die Einigungsstelle anzurufen, damit schnellstmöglich eine Einigung über die Einführung und Anwendung herbeigeführt werden kann.

Näheres zur Einsetzung der Einigungsstelle auf Seite 31 ff.

Hinweis:
Im Folgenden werden die wichtigsten Möglichkeiten der Durchsetzung von Betriebsratsrechten genauer beleuchtet.

III. Informationsbeschaffung des Betriebsrats

1. Informationsanspruch des Betriebsrats

Damit der Betriebsrat sich gut auf Verhandlungen vorbereiten kann, ist es zwingend, dass er sich zunächst umfassend über das zu bearbeitende Thema informiert. Nach § 80 Abs. 2 BetrVG ist der Betriebsrat für die Durchführung seiner Aufgaben nach dem Betriebsverfassungsgesetz **rechtzeitig** und **umfassend** vom Arbeitgeber zu unterrichten. Mit dieser Verpflichtung korrespondiert ein entsprechender Auskunftsanspruch des Betriebsrats.[2] Hierzu sollte der Betriebsrat unter Nennung seines Beteiligungsrechts den Arbeitgeber auffordern, konkrete Informationen zur Verfügung zu stellen. Dabei sind dem Betriebsrat die erforderlichen Unterlagen vorzulegen.

> **Hinweis:**
> Bei den Bruttolohn- und Bruttogehaltslisten hat der Betriebsausschuss oder der nach § 28 BetrVG gebildete Ausschuss lediglich ein Einsichtsrecht. Gibt es diese Ausschüsse nicht, hat das Einsichtsrecht der Betriebsratsvorsitzende.[3]

Das Auskunftsrecht des Betriebsrats bezieht sich ausdrücklich auch auf Personen, die nicht in einem Arbeitsverhältnis mit dem Arbeitgeber stehen, also z. B. auf Leiharbeitnehmer, Honorarkräfte und weitere selbständig tätige Personen. Gemeint ist der Einsatz von jeglichem **Fremdpersonal**. Voraussetzung für den Informationsanspruch ist immer ein Bezug zu den allgemeinen Aufgaben des Betriebsrats.

Muster für ein Informationsverlangen über Beschäftigte von Fremdfirmen auf Seite 62

Diese können sich aus § 80 Abs. 1 BetrVG ergeben, aber auch aus allen anderen Beteiligungsrechten des Betriebsrats. Ein Aufgabenbezug besteht regelmäßig schon dann, wenn der Betriebsrat prüfen will, ob er tätig

---

2 BAG 19. 2. 2008 – 1 ABR 84/06.

3 BAG 16. 8. 1996 – 7 ABR 63/94.

werden kann oder sollte.[4] Der Aufgabenbezug kann sich aus einem Mitbestimmungsrecht des Betriebsrats z. B. aus § 87 BetrVG oder aus einer Überwachungspflicht z. B. nach § 80 Abs. 1 BetrVG ergeben.

Beispiel:
Der Betriebsrat möchte eine Kopie des Werkvertrags erhalten, mit dem der Arbeitgeber regelmäßig Arbeitsleistungen in einem bestimmten Umfang von Fremdpersonal erledigen lässt. Der Arbeitgeber legt dem Betriebsrat den Werkvertrag vor, schwärzt jedoch die wirtschaftlichen Daten mit der Begründung, es gäbe keinen Bezug zu den Aufgaben des Betriebsrats.

Dem ist nicht zu folgen. Der Betriebsrat hat nach § 92a BetrVG das Recht, Vorschläge zur Sicherung und Förderung von Beschäftigung im Betrieb zu machen. Dazu gehört auch die Eingliederung von Tätigkeiten, die fremdvergeben sind. Sinnvolle Vorschläge, die Beachtung durch den Arbeitgeber erlangen, kann der Betriebsrat aber nur dann machen, wenn die Vorschläge wirtschaftlich fundiert sind. Deshalb benötigt er auch die wirtschaftlichen Aspekte des Vertrags.
Den Informationsanspruch kann der Betriebsrat auch im gerichtlichen Verfahren durchsetzen.

Näheres zum gerichtlichen Verfahren auf Seite 44ff.

2. Hinzuziehung von sachkundigen Arbeitnehmern als Auskunftspersonen

Nach § 80 Abs. 2 Satz 3 BetrVG hat der Arbeitgeber dem Betriebsrat zur ordnungsgemäßen Erfüllung seiner Aufgaben aus dem Betriebsverfassungsgesetz sachkundige Arbeitnehmer als Auskunftspersonen zur Verfügung zu stellen. Dabei muss der Arbeitgeber die Vorschläge des Betriebsrats berücksichtigen, soweit betriebliche Belange dem nicht entgegenstehen.
Die Aufgabe des sachkundigen Arbeitnehmers besteht darin, dem Betriebsrat als Auskunftsperson in Bereichen zur Verfügung zu stehen, in denen er über besondere Kenntnisse verfügt, die im Betriebsrat nicht vorhanden sind.

4 BAG 9.7.1991 – 1 ABR 45/90.

Näheres zur Hinzuziehung von Sachverständigen auf Seite 23 ff.

Begriffserklärung:
Sachkundige Arbeitnehmer sind keine externe Dritte. Sie sind Arbeitnehmer des Betriebs. Sie dürfen nicht mit Sachverständigen verwechselt werden, bei denen es sich regelmäßig um externe Dritte handelt, die fehlenden Sachverstand des Betriebsrats ergänzen und die für den Betriebsrat zur Unterstützung tätig werden.

Hinweis:
Es ist nicht Aufgabe der Auskunftsperson, dem Betriebsrat in einer Angelegenheit die Position des Arbeitgebers zu vermitteln, sondern die fehlenden Kenntnisse im Betriebsrat zu erweitern. Der Betriebsrat hat das Recht, die sachkundigen Arbeitnehmer in Abwesenheit des Arbeitgebers zu befragen.[5]

Als Auskunftspersonen kommen grundsätzliche **alle Arbeitnehmer** in Betracht, auch leitende Angestellte. § 80 BetrVG verlangt nur, dass es sich um Arbeitnehmer handeln muss. Der Betriebsrat ist nicht verpflichtet, bestimmte Auskunftspersonen in Anspruch zu nehmen. Es liegt im Ermessen des Betriebsrats, ob er auf Arbeitnehmer als Auskunftspersonen zurückgreifen will und welche Personen er für geeignet hält. Allerdings geht das Bundesarbeitsgericht davon aus, dass der Betriebsrat zunächst gehalten ist, internen Sachverstand auszunutzen, bevor die Hinzuziehung eines externen Sachverständigen erforderlich ist.[6]

Hinweis:
Will der Betriebsrat eine interne Auskunftsperson ablehnen, muss dies gut begründet werden. Eventuell sollte ein Versuch gestartet und Begründungen gefunden werden, warum die Auskunft unzureichend war.

3. Weitere Möglichkeiten der Informationsbeschaffung

Der Betriebsrat hat zusätzlich die Möglichkeit, sich die für die Wahrnehmung seiner Aufgaben notwendigen Informationen auf anderem Weg zu beschaffen.

5 BAG 20.1.2015 – 1 ABR 25/13.
6 BAG 16.11.2005 – 7 ABR 12/05.

Betriebsbegehungen

Der Betriebsrat kann z. B. Beschäftigte des Betriebs befragen. Dies kann er auch am Arbeitsplatz des Arbeitnehmers tun. Er kann Betriebsbegehungen machen. Dazu benötigt er keinen besonderen Grund. Er sollte nur im Rahmen der vertrauensvollen Zusammenarbeit den Arbeitgeber in allgemeiner Form informieren. Eine Anmeldepflicht besteht allerdings nicht.
Natürlich kann sich der Betriebsrat auch über die Kontakte zur Gewerkschaft oder zu anderen Betriebsräten informieren. Er kann ferner alle öffentlich zugänglichen Informationsquellen nutzen, z. B. Internet, Zeitung und juristische Fachliteratur wie Zeitschriften für den Betriebsrat oder Gesetzeskommentare.

Hinweis:
Der Betriebsrat sollte im Vorfeld überlegen, wie er seine Informationsbeschaffung organisiert.

IV. Verhandlungen mit dem Arbeitgeber

Die Verhandlung ist das **Hauptinstrument** des Betriebsrats zur Durchsetzung seiner Ziele. Verhandlungen finden ständig statt, sei es im Rahmen von Monatsgesprächen oder über den Abschluss von Betriebsvereinbarungen.
Der Betriebsrat sollte schon im Vorfeld von Verhandlungen überlegen, wo er kompromissbereit und wann seine Schmerzgrenze erreicht ist. Dabei sollten selbstverständlich die tatsächlichen und rechtlichen Möglichkeiten im Vorfeld abgeklärt werden.
Verhandlungen dienen zum einen der Durchsetzung und andererseits dem Ausgleich unterschiedlicher Interessen.

Hinweis:
Im Rahmen der erzwingbaren Mitbestimmung ist der Betriebsrat in den Verhandlungen gleichberechtigter Verhandlungspartner des Arbeitgebers.

Vorbereitung der Verhandlung

Auf eine gute Vorbereitung der Verhandlungen sollte besonderes Augenmerk gelegt werden. Dabei ist es ratsam, die **folgenden Schritte** zu beachten:

1. Forderung aufstellen und einen Betriebsvereinbarungsentwurf entwickeln.
2. Verhandlungsspielraum abstecken:
   Minimalforderung definieren, die nicht unterschritten werden darf.
3. Verhandlungsinhalte beherrschen:
   - eigene Argumente sammeln
   - Gegenargumente für mögliche Argumente des Arbeitgebers entwickeln
   - Unterlagen, Statistiken, Umfragen etc. bereithalten
4. Verhandlungspartner einkalkulieren:
   Persönliche Eigenarten des Verhandlungspartners berücksichtigen.
5. Gezielt entscheiden, wer an den Verhandlungen teilnimmt.

6. Rollenverteilung der Teilnehmer auf Arbeitnehmerseite festlegen.
7. Unterbrechungen einplanen:
   Wenn ein Teilnehmer auf Betriebsratsseite eine Unterbrechung wünscht, nicht mehr weiterverhandeln!
8. Sich nie auseinanderdividieren lassen:
   Wenn der Arbeitgeber behauptet »Das hatten wir doch mit dem BR-Mitglied XY vorbesprochen.« oder einzelne Verhandlungsteilnehmer nach dem Motto anspricht »Sie sind doch vernünftig, wollen Sie das wirklich?« darf sich der Betriebsrat dadurch nicht verunsichern lassen.
9. Information der Belegschaft gezielt einplanen:
10. Verhandlungen sind meist nicht nach einer Verhandlungsrunde beendet. Deshalb immer überlegen, an welcher Stelle die Belegschaft über die Pläne des Betriebsrats und den Stand der Verhandlungen unterrichtet werden soll.

Hinweis:
Es ist nicht immer sinnvoll, die Kollegen über alle Forderungen zu unterrichten, weil es manchmal für die Kollegen schwer nachvollziehbar ist, warum der Betriebsrat einzelne Forderungen im Laufe der Verhandlungen aufgegeben hat. Andererseits muss der Betriebsrat die Kollegen informieren, damit sie – zumindest mündlich – seine Forderungen unterstützen können. Hier muss nach den Gegebenheiten im Einzelfall entschieden werden. Das ist nicht immer einfach.

Während der Verhandlungen sollte sich der Betriebsrat nicht unter Druck setzen lassen, auch wenn es der Arbeitgeber eilig hat, seine Pläne umzusetzen. Es kommt vor, dass Arbeitgeber zu Beginn von Verhandlungen über eine Betriebsschließung eine Vereinbarung über die Einsetzung einer Einigungsstelle schließen möchten, wenn bis zu einem bestimmten Termin keine Einigung erzielt wird. Hier sollte der Betriebsrat sehr genau überlegen, wem eine solche Vereinbarung nützt.
In der Regel nützt eine solche Vereinbarung bei Verhandlungen über eine Betriebsschließung nur dem Arbeitgeber, da der Betriebsrat den Druck aufgibt, der durch eine längere Verhandlungszeit entsteht.
Es kann aber auch Fälle geben, bei denen der Betriebsrat die Verhandlungen vorantreiben will, dann könnte eine solche Vereinbarung sinnvoll sein.

> **Hinweis:**
> Kommt der Arbeitgeber mit solchen Vorschlägen, sollte sich der Betriebsrat unbedingt beraten lassen.

Näheres zur Einsetzung der Einigungsstelle auf Seite 31 ff.

Auch von einer Drohung mit der Anrufung der Einigungsstelle sollte sich der Betriebsrat nicht beeindrucken lassen. Wenn sich die Betriebsparteien nicht einvernehmlich auf eine Einigungsstelle einigen, können bis zur Einsetzung durch das Arbeitsgericht noch einige Wochen vergehen.

V. Hinzuziehung von Sachverständigen

Der Betriebsrat kann Sachverständige hinzuziehen, wenn dies zur ordnungsgemäßen Erfüllung seiner Aufgaben erforderlich ist. Über die Hinzuziehung muss eine Einigung mit dem Arbeitgeber getroffen werden, soweit das Gesetz die Erforderlichkeit der Hinzuziehung nicht schon annimmt. **§ 80 Abs. 3 BetrVG**

Erforderlichkeit

Begriffserklärung:
Erforderlichkeit ist gegeben, wenn der Betriebsrat wegen der Schwierigkeit des Themas eine in seine Zuständigkeit fallende Aufgabe ohne einen fachlichen Rat nicht ordnungsgemäß wahrnehmen kann.

Begriffserklärung:
Sachverständiger ist eine Person, die dem Betriebsrat spezielle Kenntnisse vermittelt, die er in einer konkreten Situation zur Erfüllung seiner Aufgaben benötigt.

Die Erforderlichkeit wird nach § 80 Abs. 3 Satz 2 BetrVG angenommen, wenn der Betriebsrat die Einführung und Anwendung von **künstlicher Intelligenz** beurteilen muss. Sie wird ferner für die Sachverständigentätigkeit im Rahmen der Interessenausgleichsverhandlungen angenommen, wenn in Unternehmen mit mehr als 300 Arbeitnehmern eine Betriebsänderung nach § 111 BetrVG durchgeführt wird.

Begriffserklärung:
Unternehmen ist die juristische Person, für die die Arbeitnehmer tätig sind, also z.B. die XY GmbH. Sie ist vom Betrieb abzugrenzen, in dem der Betriebsrat gewählt ist. In einem Unternehmen kann es mehrere Betriebe geben. In § 111 BetrVG wird auf die Größe des Unternehmens abgestellt.

Hinzuziehung von Sachverständigen

> **Hinweis:**
> § 111 BetrVG gilt nur für die Beratung zu einem Interessenausgleich, aber nicht für die Beratung zum Sozialplan. Bei der Sachverständigentätigkeit zum Sozialplan findet § 80 Abs. 3 BetrVG Anwendung.
> Deshalb muss über die Hinzuziehung eines Sachverständigen für den Sozialplan eine Vereinbarung mit dem Arbeitgeber getroffen werden.

Außer in den beiden genannten Fällen (Einführung von künstlicher Intelligenz und Verhandlungen über einen Interessenausgleich) muss nach § 80 Abs. 3 BetrVG immer eine Einigung mit dem Arbeitgeber herbeigeführt werden. Der Betriebsrat muss zunächst das Thema konkret festlegen, die Person des Sachverständigen bestimmen und nach Rücksprache mit dem Sachverständigen die ungefähren Kosten benennen. Hierzu muss dann ein Beschluss des Betriebsrats herbeigeführt werden.

> **Hinweis:**
> Der Arbeitgeber kann dem Betriebsrat entgegenhalten, dass er, bevor er einen Sachverständigen hinzuzieht, die Kenntnisse sachkundiger Arbeitnehmer als Auskunftspersonen ausnutzen muss.

Muster für Anschreiben an Arbeitgeber auf Seite 63

Sodann muss der Betriebsrat hierüber eine **Vereinbarung mit dem Arbeitgeber** herbeiführen. Dies kann durch Regelungsabrede oder Betriebsvereinbarung erfolgen oder aber durch einfache Kostenzusage seitens des Arbeitgebers. Oft schließen die Sachverständigen eigene Honorarvereinbarungen mit dem Arbeitgeber, in denen z. B. Fragen zu Reisekosten oder Ähnliches geklärt wird.
Kommt es zu keiner Vereinbarung, hat der Betriebsrat drei Möglichkeiten. Er kann die Erforderlichkeit der Hinzuziehung des Sachverständigen, die Person des Sachverständigen und die angemessene Vergütung durch das Gericht klären lassen. Der Betriebsrat kann aber auch die Verhandlungen als gescheitert erklären und in die Einigungsstelle gehen, wenn er den Eindruck hat, dass durch die Ablehnung des Arbeitgebers die Verhandlungen verzögert werden.
Wenn der Sachverständige schnell tätig werden soll, kann der Betriebsrat den Sachverständigen auch selbst beauftragen und parallel das gerichtliche Verfahren einleiten oder für die Kostenrechnung des Sachverständigen ein sogenanntes Kostenfreistellungsverfahren einleiten. Letzteres ist aber nicht empfehlenswert, da der Betriebsrat das Kostenrisiko trägt.

Kostenfreistellungsverfahren

Begriffserklärung:
Beauftragt der Betriebsrat einen Sachverständigen, schuldet er diesem die vereinbarten Kosten. Zahlt der Arbeitgeber die Kosten nicht, kann der Betriebsrat ein Beschlussverfahren führen, damit er von seiner Kostentragungspflicht befreit wird. Dieses Verfahren nennt sich dann Kostenfreistellungsverfahren.

Hinweis:
Der Betriebsrat sollte den Sachverständigen nicht ohne nähere Vereinbarung mit dem Arbeitgeber beauftragen und bei einem Streit das weitere Vorgehen mit dem Sachverständigen oder der Gewerkschaft oder seinem Rechtsanwalt besprechen.

Kommt **keine Einigung** über die Hinzuziehung eines Sachverständigen, über die Person des Sachverständigen oder über die Höhe der Vergütung zustande, hat der Betriebsrat das Recht, seinen Anspruch über das Arbeitsgericht durchzusetzen. Hierzu muss er einen Beschluss fassen. Dieser könnte wie folgt lauten:

Beispiel:
Da der Arbeitgeber die Hinzuziehung von Herrn … als Sachverständigen zum Thema »Gefährdungsbeurteilung« abgelehnt hat, beschließt der Betriebsrat die Einleitung eines Beschlussverfahrens, um die Hinzuziehung durchzusetzen. Als Stundenkontingent werden 10 Stunden Beratungsleistung zu einem Stundenhonorar von € … benötigt.
Abstimmungsergebnis: …
Der Betriebsrat beschließt, das Anwaltsbüro (Name, Adresse) mit der Durchführung des Verfahrens zu beauftragen.
Abstimmungsergebnis: …

Vor Einleitung eines Beschlussverfahrens sollte der Betriebsrat zunächst die Interessenlage klären. Wer hat ein Interesse an einer schnellen Vereinbarung? Ist es der Arbeitgeber, lässt sich meist schneller ein Sachverständiger durchsetzen, wenn der Betriebsrat ohne Sachverständigen keine Verhandlungen aufnehmen kann und will.

Hinweis:
Im Rahmen der erzwingbaren Mitbestimmung darf der Arbeitgeber ohne Vereinbarung mit dem Betriebsrat nicht handeln. Wichtigste Regelungen sind die des § 87 Abs. 1 Nr. 1 bis 14 BetrVG.

Hinzuziehung von Sachverständigen

Erzwingbare Mitbestimmungsrechte erkennt man an der Formulierung im Betriebsverfassungsgesetz (z. B. in § 87 Abs. 2 BetrVG):

»Kommt eine Einigung über ... nicht zustande, entscheidet die Einigungsstelle. Der Spruch der Einigungsstelle ersetzt die Einigung zwischen Arbeitgeber und Betriebsrat.«

Je nach Themenstellung kann der Betriebsrat unterschiedlichen Sachverstand benötigen. Das kann z. B. **technischer Sachverstand** bei Einführung einer neuen Software sein, wenn zunächst herausgearbeitet werden muss, was die Software alles kann und inwieweit die Arbeitnehmer vor einer Leistungs- und Verhaltenskontrolle oder vor einer »Datensammelwut« geschützt werden müssen. **Juristischen Sachverstand** benötigen Betriebsräte beim Formulieren von Betriebsvereinbarungen und für Hinweise auf juristische Fallstricke. **Wirtschaftlichen Sachverstand** braucht der Betriebsrat manchmal bei Sozialplanverhandlungen, wenn der Arbeitgeber meint, es sei kein Geld für einen Sozialplan vorhanden oder wenn er eine Personalabbaumaßnahme mit wirtschaftlichen Schwierigkeiten begründet. Ferner kann z. B. Beratung zum Thema **Arbeits- und Gesundheitsschutz** notwendig sein.
Der Betriebsrat kann nicht zu allen Themen, die zu bearbeiten sind, selbst Sachverständiger sein. Voraussetzung für die Hinzuziehung von Sachverständigen ist, dass dem Betriebsrat der notwendige Sachverstand fehlt.

> **Hinweis:**
> Der Betriebsrat sollte sich nicht überfordern, der Arbeitgeber hat in aller Regel seine Berater.

Innerbetrieblicher Sachverstand

Der Betriebsrat kann gehalten sein, zunächst innerbetrieblichen Sachverstand hinzuzuziehen (siehe hierzu Kapitel III. 2. auf Seite 17 ff.). Dafür muss der Arbeitgeber dem Betriebsrat **sachkundige Arbeitnehmer** zur Verfügung stellen (§ 80 Abs. 2 BetrVG). Vorschläge des Betriebsrats, welche Arbeitnehmer ihm zur Seite zu stellen sind, sind zu berücksichtigen, soweit betriebliche Notwendigkeiten dem nicht entgegenstehen.

> **Hinweis:**
> Vorsicht bei internen Sachverständigen, da diese Beratung oft auf die Arbeitgeberinteressen bezogen ist. Oft entscheiden die Arbeitgeber, worüber informiert werden darf.

Interessenlage klären Sachverständige finden

Die Auswahl eines Sachverständigen ist besonders wichtig, weil der Betriebsrat sich auf den Sachverständigen verlassen muss. Deshalb ist es besonders wichtig, die Person des Sachverständigen sorgfältig auszusuchen. Hierzu kann sich der Betriebsrat **Rat holen**, z. B. bei dem zuständigen Gewerkschaftssekretär, bei dem betreuenden Anwalt oder bei anderen Betriebsräten, die zu dem Thema schon einmal einen Sachverständigen hatten.

VI. Das Einigungsstellenverfahren

Regelungen für den Betrieb werden durch Betriebsvereinbarungen getroffen. Das sind verbindliche Vereinbarungen, die zwischen den Betriebsparteien – also zwischen Arbeitgeber und Betriebsrat – verhandelt werden.

§ 76 BetrVG

Kommt im Rahmen freier Verhandlungen zwischen Arbeitgeber und Betriebsrat keine Einigung zustande, kann in vielen Fällen die Einigungsstelle angerufen werden. Das kann sowohl durch den Betriebsrat als auch durch den Arbeitgeber geschehen.

> **Hinweis:**
> Arbeitgeber und Betriebsrat müssen einvernehmlich ausgehandelte Betriebsvereinbarungen unterschreiben. Wenn Betriebsvereinbarungen auf einem Spruch der Einigungsstelle beruhen, müssen sie nicht von den Betriebsparteien unterschrieben werden.

Checkliste zu erzwingbaren Einigungsstellen auf Seite 64f.

Die Einigungsstelle wird zur Beilegung von Meinungsverschiedenheiten zwischen Betriebsrat und Arbeitgeber gebildet. Ein Anspruch darauf besteht nur, wenn

- dies im Gesetz ausdrücklich vorgesehen ist (= erzwingbare Einigungsstelle) oder
- Betriebsrat und Arbeitgeber sich auf eine freiwillige Einigungsstelle geeinigt haben.

1. Bildung der Einigungsstelle

In der Praxis hört man oft den Rat: Dann muss der Betriebsrat eine Einigungsstelle »anrufen«. Das bedeutet in der Praxis, dass eine Einigungsstelle gebildet werden muss. Dies muss zu jedem Thema, bei dem ein Mitbestimmungsrecht besteht, neu erfolgen.

> **Begriffserklärung:**
> Eine Einigungsstelle ist gebildet, wenn sich Arbeitgeber und Betriebsrat auf das Thema, den Vorsitzenden und die Anzahl der Beisitzer geeinigt haben.

Übersicht zur Anrufung der Einigungsstelle auf Seite 66

Kommt eine Einigung nicht zustande, kann die Einigungsstelle durch das Arbeitsgericht eingesetzt werden. Dies kann auf Antrag des Betriebsrats oder auf Antrag des Arbeitgebers geschehen. Zunächst muss aber versucht werden, sich auf das Thema, den Vorsitzenden und die Anzahl der Beisitzer zu einigen. Will der Betriebsrat die Einigungsstelle anrufen, ist eine ordnungsgemäße Beschlussfassung die Voraussetzung.

Scheitern der Verhandlungen

Dazu gehört, dass der Betriebsrat die bisherigen Verhandlungen mit dem Arbeitgeber für gescheitert erklärt. Nur wenn die Verhandlungen gescheitert sind, ist die Anrufung der Einigungsstelle zulässig.

> **Hinweis:**
> Um das Scheitern der Verhandlungen erklären zu können, muss es vorher nicht zwingend eine oder mehrere Verhandlungsrunden zwischen Arbeitgeber und Betriebsrat gegeben haben. Es genügt, wenn der Arbeitgeber die Verhandlungen verzögern will und ständig Termine absagt.

Vorsitzender, Beisitzer

Darüber hinaus muss der Betriebsrat einen Beschluss fassen, wer Vorsitzender der Einigungsstelle sein soll und wie viele Beisitzer in der Einigungsstelle benötigt werden.

> **Hinweis:**
> Zu diesem Zeitpunkt muss der Betriebsrat noch nicht entscheiden, wer Beisitzer sein soll.

Thema

Das Thema der Einigungsstelle sollte so genau wie möglich beschrieben werden.

> **Beispiel:**
> »Der Betriebsrat beschließt, die Verhandlungen zum Thema Arbeitszeit für gescheitert zu erklären und eine Einigungsstelle anzurufen. Als Vorsitzenden schlägt er Frau … Richterin am Arbeitsgericht … vor sowie drei Beisitzer von jeder Seite.«

Mitteilung an Arbeitgeber

Die gefassten Beschlüsse müssen dem Arbeitgeber anschließend mitgeteilt werden.

Beispiel:
»Sehr geehrter Herr …,
der Betriebsrat hat in seiner Sitzung vom XX.XX.XXXX beschlossen, die Verhandlungen zum Thema Arbeitszeit für gescheitert zu erklären.
Die Angelegenheit soll durch eine Einigungsstelle entschieden werden.
Als Vorsitzende schlagen wir Frau Richterin am Arbeitsgericht … sowie drei Beisitzer von jeder Seite vor.
Bitte teilen Sie uns bis zum XX.XX.XXXX mit, ob sie mit der Vorsitzenden und der Anzahl der Beisitzer einverstanden sind.
Mit freundlichen Grüßen
…
Betriebsratsvorsitzender«

2. Vorsitzender der Einigungsstelle

Unparteilicher Sachverstand

Der Vorsitzende wird von der Partei vorgeschlagen, die die Einigungsstelle angerufen hat. Schlägt der Betriebsrat einen Vorsitzenden vor, muss er sich sehr genau überlegen, wer den Vorsitz übernehmen soll. Der Vorsitzende ist eine der wichtigsten Personen. Kommt in der Einigungsstelle eine Einigung zwischen Arbeitgeber und Betriebsrat nicht zustande, wird mit der Stimme des Vorsitzenden eine Regelung getroffen werden. Als Vorsitzende werden meist Arbeitsrichter vorgeschlagen, da sie den notwendigen juristischen Sachverstand haben und als unparteiisch gelten. Es ist auch üblich, ehemalige Arbeitsrichter als Vorsitzende zu nehmen. Aber auch jede andere Person kann den Vorsitz übernehmen, wenn sie geeignet ist und die Betriebsparteien damit einverstanden sind.

Hinweis:
Der Betriebsrat sollte sich bei Gewerkschaftssekretären, einem Anwalt oder bei anderen Betriebsräten erkundigen, welchen Vorsitzenden diese empfehlen können. Vor der Benennung eines Vorsitzenden empfiehlt es sich außerdem zu klären, ob dieser mit der Übernahme des Vorsitzes einverstanden ist. Speziell aktive Arbeitsrichter können nicht unbegrenzt zusätzlich zu ihrer Arbeit Einigungsstellen übernehmen.

3. Beisitzer

Anzahl

Wie viele Beisitzer nötig sind, gibt das BetrVG nicht vor. Es schreibt lediglich vor, dass beide Seiten die gleiche Anzahl von Beisitzern in die Einigungsstelle entsenden. Die Partei, die die Einigungsstelle angerufen hat, schlägt die Gesamtanzahl vor und benennt die eigenen Beisitzer.

Sachverstand

Der Betriebsrat muss sich hinsichtlich der Beisitzer überlegen, welchen Sachverstand er in der Einigungsstelle benötigt. **Juristischer** Beistand ist immer notwendig, da es gilt, Betriebsvereinbarungen rechtssicher zu formulieren. Darüber hinaus kann z. B. **technischer** oder **wirtschaftlicher** Sachverstand notwendig sein.

Keine Ablehnung des Arbeitgebers

Der Arbeitgeber hat keinen Einfluss auf die Beisitzer des Betriebsrats, er darf dessen Beisitzer nicht ablehnen. Der Betriebsrat entscheidet, wer für ihn Beisitzer in der Einigungsstelle wird.

Extern oder innerbetrieblich

Er kann dafür auch externe Beisitzer benennen. Aber auch die Sachkenntnis der Betriebsratsmitglieder ist wichtig, da sie den Betrieb natürlich am besten kennen. Deshalb sollten ein oder mehrere Betriebsratsmitglieder als Beisitzer in der Einigungsstelle benannt werden.

Spätestens wenn der Arbeitgeber mit dem Vorsitzenden und der Anzahl der Beisitzer einverstanden ist, muss der Betriebsrat die Beisitzer von seiner Seite benennen, damit die Einigungsstelle ihre Arbeit aufnehmen kann.

4. Einsetzung der Einigungsstelle durch das Arbeitsgericht

Antrag an das Gericht

Können sich Arbeitgeber und Betriebsrat nicht über das Thema, den Vorsitzenden oder die Anzahl der Beisitzer einigen, erfolgt die Entscheidung durch das Arbeitsgericht. Der Antrag kann von Arbeitgeberseite oder vom Betriebsrat gestellt werden. Der Betriebsrat hat das Recht, einen Anwalt mit der Einleitung des Gerichtsverfahrens zu beauftragen. Der Arbeitgeber muss diese Kosten tragen.

§ 100 ArbGG

Das Verfahren ist in § 100 Arbeitsgerichtsgesetz (ArbGG) geregelt. Über die Einsetzung der Einigungsstelle entscheidet der Vorsitzende Richter allein. Der Beschluss soll den Beteiligten innerhalb von 2 Wochen, spätestens jedoch 4 Wochen nach Eingang des Antrags zustellt werden. Es handelt sich also um ein **beschleunigtes Verfahren**, damit die Parteien nicht zu lange auf die Einigungsstelle warten müssen.

Offensichtliche Unzuständigkeit

Die Einsetzung einer Einigungsstelle kann nur bei offensichtlicher Unzuständigkeit abgelehnt werden oder wenn die antragstellende Partei Verhandlungen noch nicht versucht hat.

> **Beispiel:**
> Offensichtlich Unzuständigkeit liegt z. B. vor, wenn
> - eine rechtskräftige Gerichtsentscheidung vorliegt, dass ein Mitbestimmungsrecht des Betriebsrats in einer bestimmten Angelegenheit nicht besteht oder
> - wenn eine ungekündigte Betriebsvereinbarung zu dem Thema besteht.

Verhandlungen wurden auch versucht, wenn der Arbeitgeber alle Terminvorschläge des Betriebsrats ablehnt, oder die Standpunkte der Parteien so unterschiedlich sind, dass sie nicht in Einklang gebracht werden können. Der Betriebsrat kann das Scheitern der Verhandlungen feststellen, wenn der Arbeitgeber sich weigert die Verhandlungen aufzunehmen oder diese nachweislich verzögert. Hier hat der Betriebsrat einen gewissen Ermessensspielraum, muss seine Entscheidung aber in dem Gerichtsverfahren begründen können.[7]

> **Hinweis:**
> Wenn der Betriebsrat trotz Bestehens einer ungekündigten Betriebsvereinbarung Neuverhandlungen zu einem Thema aufnehmen will, sollte er genau überlegen, zu welchem Zeitpunkt eine Kündigung der Betriebsvereinbarung erfolgen sollte. Eine Einigungsstelle wird nur durch das Gericht eingesetzt, wenn die Betriebsvereinbarung gekündigt ist.

5. Tagung der Einigungsstelle

a. Maßnahmen im Vorfeld der Sitzung

Termin

Stimmt der Arbeitgeber dem Thema, dem Vorsitzenden und der Anzahl der Beisitzer zu oder wurde die Einigungsstelle durch das Arbeitsgericht eingesetzt, kann die Einigungsstelle tagen. Der Vorsitzende koordiniert die Termine. Er lädt zu einer ersten Sitzung der Einigungsstelle ein. Dazu wird er versuchen, im Vorfeld einen Termin mit den Beisitzern der Einigungsstelle abstimmen.

---

7 LAG Hessen 11. 9. 2025 – 5 TABV 81/25.

Ort

In aller Regel findet die Einigungsstelle in einem geeigneten Raum im Betrieb statt.

Exkurs: Video- und Telefonkonferenz

Für eine Übergangszeit war in § 129 Abs. 2 BetrVG geregelt, dass auch Einigungsstellen mittels Video- und Telefonkonferenzen erfolgen können. Diese Regelung wurde ersatzlos aufgehoben. Einigungsstellensitzungen müssen deshalb immer als Präsenzsitzungen durchgeführt werden.

Teilnehmer

Der Vorsitzende leitet die Sitzung und wird zunächst die Anwesenheit der Teilnehmer feststellen. Das sind jedenfalls die Beisitzer des Betriebsrats und des Arbeitgebers. Anwesenheitsberechtigt sind auch die Parteien des Einigungsstellenverfahrens, also der Arbeitgeber und der Betriebsrat, wenn sie nicht schon Beisitzer in der Einigungsstelle sind.[8]

> **Hinweis:**
> Bei der abschließenden Beratung und Beschlussfassung dürfen allerdings nur die Beisitzer und der Vorsitzende anwesend sein.

Zur Vorbereitung der Einigungsstellensitzung kann es je nach Thema sinnvoll sein, dem Vorsitzenden einen Betriebsvereinbarungsentwurf zum streitigen Thema zuzuschicken und Ausführungen dazu zu machen, woran die Verhandlungen gescheitert sind. Das Vorgehen hierzu sollten die Beisitzer der Einigungsstelle mit dem Betriebsrat abstimmen. Es ist abhängig vom Thema und dem bisherigen Verhandlungsverlauf.

> **Hinweis:**
> Der Betriebsrat muss sich nicht an bereits gefundene Kompromisse aus bisherigen Verhandlungsrunden halten. Solange keine Gesamteinigung erzielt und die Betriebsvereinbarung nicht unterschrieben ist, kann er immer noch neue Forderungen einbringen oder seine Ausgangsforderung in die Einigungsstelle einbringen.

Protokoll

Je nach Thema können mehrere Sitzungen der Einigungsstelle notwendig sein. Üblich ist es, dass der Vorsitzende über die Einigungsstellensitzungen jeweils ein Protokoll fertigt. Dies ist auch sinnvoll, da in dem Protokoll der Verhandlungsstand festgehalten werden kann. Es können auch Arbeitsaufgaben vom Vorsitzenden vergeben werden, z. B. bestimmte Informationen oder Auswertungen vorzulegen. Der Vorsitzende kann hierzu auch Fristen setzen.

---

8 BAG 18.1.1994 – 1 ABR 43/93.

b. Zuständigkeit der Einigungsstelle

Die Einigungsstelle muss zunächst prüfen, ob sie für die Regelungsthematik zuständig ist. Eine Einigungsstelle wird nur in Fällen der erzwingbaren Mitbestimmung tätig oder wenn sich die Parteien im Vorfeld auf die Einigungsstelle geeinigt haben.

Erzwingbare Einigungsstellen

Die Frage der Zuständigkeit gewinnt vor allem bei erzwingbaren Einigungsstellenverfahren an Bedeutung, da in diesen Fällen manchmal die Zuständigkeit der Einigungsstelle von der Partei **in Frage gestellt** wird, die das Verfahren nicht beantragt hat. Schwierige Zuständigkeitsfragen können sich insbesondere aus dem Mitbestimmungsrecht nach § 87 Abs. 1 Nr. 1 BetrVG ergeben. Danach hat der Betriebsrat ein erzwingbares Mitbestimmungsrecht bei Fragen der Ordnung des Betriebs und des Verhaltens der Arbeitnehmer im Betrieb. Was alles unter diesen Punkt gefasst werden kann, führt häufig zu Streit zwischen Arbeitgeber und Betriebsrat, soweit einzelne Fragen noch nicht durch die Rechtsprechung geklärt sind. Streitigkeiten über die Zuständigkeit können sich auch aus der Frage ergeben, welches Gremium für die Regelungsthematik originär zuständig ist, also Betriebsrat, Gesamtbetriebsrat oder ggf. der Konzernbetriebsrat.

c. Ablauf der Sitzung

Versuch der gütlichen Einigung

Auch in der Einigungsstelle wird zunächst versucht, eine gütliche Einigung zwischen Arbeitgeber und Betriebsrat zu erzielen. Dabei moderiert der Vorsitzende die Verhandlungen.

Es existieren **keine festen Regeln**, wie der Vorsitzende sich um eine gütliche Einigung bemühen soll. Meist wird zunächst der Sachverhalt zusammengetragen, wie er sich aus den Vorschlägen der Parteien und den Diskussionen in der Einigungsstelle ergibt. Es besteht auch die Möglichkeit, dass der Einigungsstellenvorsitzende getrennt mit den Parteien berät.

Kommt eine **Einigung** zustande, schließen die Betriebsparteien eine **Betriebsvereinbarung** ab. Diese ist vom Vorsitzenden des Betriebsrats und vom Arbeitgeber zu unterzeichnen. Da der Vorsitzende den Betriebsrat nur auf Basis eines ordnungsgemäßen Betriebsratsbeschlusses vertreten darf, muss er vorher einen Betriebsratsbeschluss herbeiführen.

Hinweis:
Es kann deshalb sinnvoll sein, dass der Betriebsrat parallel zu den Sitzungen der Einigungsstelle tagt, damit sich die Beisitzer in der Einigungsstelle bei dem Betriebsrat rückversichern können, dass er gefundene Kompromisse mitträgt.

Es ist aber auch möglich, dass der Betriebsrat vorher den Beschluss fasst, dass bestimmte Minimalforderungen nicht unterschritten werden dürfen und er ansonsten seinen Vertretern in der Einigungsstelle einen gewissen Spielraum gibt. Weiter ist es möglich, in der Einigungsstelle einen Kompromiss zu skizzieren, um ihn dann an einem der nächsten Tage vom Betriebsrat beschließen zu lassen.

Beratung und Beschlussfassung

Wenn **keine gütliche Einigung** erzielt werden kann, beraten Beisitzer und Vorsitzender ohne die weiteren Teilnehmer der Einigungsstelle. Die Beratung und die Beschlussfassung sind nicht öffentlich.
Beschlüsse der Einigungsstelle werden in einem **zweistufigen Verfahren** gefasst:

Erste Abstimmung

1. Ist die Beratung abgeschlossen, wird ein Antrag bzw. eine Betriebsvereinbarung zur Abstimmung gestellt. Zunächst erfolgt die Abstimmung nur mit den Stimmen der Beisitzer auf jeder Seite. Der Vorsitzende muss sich bei der ersten Abstimmung der Stimme enthalten.

   Erneute Beratung

   Kommt nach dieser ersten Abstimmung keine Einigung zustande, wird erneut in die Beratung eingetreten. Hier sollte versucht werden, doch noch eine Einigung herbeizuführen.

Hinweis:
Für die erneute Beratung ist keine neue/zusätzliche Sitzung notwendig.

Zweite Abstimmung

2. Scheitert dies, erfolgt die zweite Abstimmung. An dieser Abstimmung nimmt der Vorsitzende teil. Es ist nicht so, dass die Stimme des Vorsitzenden den Ausschlag gibt. Vielmehr hat der Vorsitzende, so wie die Beisitzer auch, nur eine Stimme. Das Verfahren ist dann so lange fortzusetzen, bis es einen **Mehrheitsbeschluss** der Einigungsstelle gibt. Es erfolgt also eine erneute Beratung und danach eine Beschlussfassung über einen ggf. etwas abgeänderten Entwurf.

Grenzen der Entscheidung

Inhalt des Spruchs einer Einigungsstelle kann nur sein, was die Betriebsparteien zulässigerweise hätten regeln können. Die Einigungsstelle ist also zwingend an geltendes Recht gebunden. Sie hat z. B. die zwingenden Vorschriften des Arbeitszeitrechts, des Bundesurlaubsgesetzes und des Kündigungsschutzgesetzes einzuhalten. Sie ist darüber hinaus an die vorher festgelegt Thematik gebunden und an den Umfang des dafür in Frage kommenden Mitbestimmungsrechts.

Beispiel:
Die Parteien verhandeln eine Betriebsvereinbarung zur Regelung der Arbeitszeit. Beide Parteien sind sich darüber einig, dass die wöchentliche Arbeitszeit 25 Stunden betragen soll. Über viele andere Punkte können sie sich jedoch nicht einigen, weshalb es zu einem Spruch der Einigungsstelle kommen soll. Kommt es zu einem Spruch der Einigungsstelle, kann dieser jedoch nicht die wöchentliche Arbeitszeit erfassen, da diese nicht vom Mitbestimmungsrecht des Betriebsrats gedeckt ist.

Für Entscheidung über Rechtsfragen ist die Einigungsstelle – außer im Bereich des § 109 BetrVG – nicht zuständig.

6. Bindung an den Spruch der Einigungsstelle

a. Grundsatz: Bindung der Betriebsparteien

Die Einigungsstelle muss ihre Entscheidung unter angemessener Berücksichtigung der Belange des Betriebs und der betroffenen Arbeitnehmer treffen.

! **Der Spruch der Einigungsstelle ersetzt die Einigung zwischen Arbeitgeber und Betriebsrat und bindet die Betriebsparteien genauso wie eine Betriebsvereinbarung.**

Die Betriebsparteien müssen sich daher so lange an den Spruch der Einigungsstelle halten,

- bis über die Anfechtung durch eine Gerichtsentscheidung rechtskräftig etwas Anderes festgestellt wurde oder
- der Spruch der Einigungsstelle gekündigt und im Falle der Nachwirkung durch eine andere Betriebsvereinbarung abgelöst wurde.

Begriffserklärung:
Eine rechtskräftige Entscheidung des Gerichts liegt vor, wenn der Beschluss eines Gerichts nicht mehr anfechtbar ist, also kein Rechtsmittel eingelegt wurde oder alle Rechtsmittel ausgeschöpft worden sind.

Begriffserklärung:
Die Nachwirkung von Betriebsvereinbarungen ist in § 77 Abs. 6 BetrVG geregelt. Immer wenn im Gesetz festgelegt ist, dass der Spruch einer Einigungsstelle die Einigung zwischen Arbeitgeber und Betriebsrat ersetzt,

gilt die Vereinbarung, bis sie durch eine andere Abmachung ersetzt wird. Also eine neue Betriebsvereinbarung zu dem Thema abgeschlossen wurde.

Beachte:
Die Nachwirkung kann aber auch in der Betriebsvereinbarung ausgeschlossen werden.

Näheres zur Betriebsvereinbarung in Band 7[9]

b. Ausnahme: Kein Einigungsstellenspruch beim Interessenausgleich

§ 112 BetrVG

Etwas anderes gilt beim Interessenausgleich nach § 112 BetrVG.

Begriffserklärung:
Der Interessenausgleich regelt das »Ob«, »Wann« und »Wie« einer geplanten Betriebsänderung. Was eine Betriebsänderung ist, ist in § 111 BetrVG geregelt. Eine Betriebsänderung liegt z.B. bei einer geplanten Schließung eines Betriebs vor.

Beispiel:
Bei einer geplanten Betriebsschließung wird im Rahmen von Interessenausgleichsverhandlungen geregelt, **ob** tatsächlich der gesamte Betrieb geschlossen wird, **wann** der Schließungszeitpunkt sein wird und **wie** die Maßnahme umgesetzt wird. Bei dem »wie« kann z.B. geregelt werden, dass die Arbeitnehmer in einen anderen Betrieb versetzt werden oder das Kündigungen ausgesprochen werden.

Der Interessenausgleich ist keine Betriebsvereinbarung. Er ist eine Vereinbarung zwischen Betriebsrat und Unternehmer, die keine unmittelbare und zwingende Wirkung auf die Arbeitsverhältnisse der Arbeitnehmer hat. Beim Interessenausgleich ist die Einigungsstelle daher zwar ebenfalls erzwingbar. Sie kann aber nur einen **Vorschlag unterbreiten**, den die Betriebsparteien **nicht annehmen** müssen. Nehmen die Betriebsparteien den Vorschlag nicht an, kann die Einigungsstelle nur das Scheitern der Verhandlungen feststellen. Wenn das Scheitern festgestellt wurde, ist das Einigungsstellenverfahren abgeschlossen. Der Arbeitgeber darf seine geplante Maßnahme umsetzten.

Exkurs Sozialplan

Neben dem Interessenausgleich ist in aller Regel bei jeder Betriebsänderung auch ein **Sozialplan** zu erstellen. Dieser wird immer dann er-

9 In der Reihe »Auf den Punkt - Grundwissen für neue Betriebsratsmitglieder« sind insgesamt 8 Bände erschienen (Näheres auf Seite 2).

forderlich, wenn den Arbeitnehmern durch die Betriebsänderung wirtschaftliche Nachteile entstehen.

Begriffserklärung:
Der Sozialplan regelt den Ausgleich der wirtschaftlichen Nachteile, die die Arbeitnehmer aufgrund einer Betriebsänderung haben.

Hinweis:
Der Sozialplan ist – im Gegensatz zum Interessenausgleich – eine Betriebsvereinbarung und kann damit durch Spruch der Einigungsstelle verbindlich durchgesetzt werden.

c. Durchführung des Spruchs der Einigungsstelle

Der Spruch der Einigungsstelle ist kein vollstreckbarer Titel. Sofern der **Arbeitgeber sich weigert**, den Spruch der Einigungsstelle umzusetzen, muss der Betriebsrat ihn also vor Gericht durchsetzen. Der Betriebsrat und die Arbeitnehmer haben einen Durchführungsanspruch. Dieser ergibt sich aus § 77 Abs. 1 BetrVG.
Werden in einem Spruch der Einigungsstelle Ansprüche der Arbeitnehmer geregelt, z. B. Ansprüche auf eine Abfindung wegen des Verlusts des Arbeitsplatzes, kann der Arbeitnehmer seinen Anspruch ebenfalls in einem gerichtlichen Verfahren durchsetzen, da Betriebsvereinbarungen gemäß § 77 Abs. 4 BetrVG unmittelbar und zwingend auf das Arbeitsverhältnis der Arbeitnehmer Anwendung finden.

d. Anfechtung des Spruchs einer Einigungsstelle

Ermessensüberschreitung

Der Einigungsstellenspruch kann innerhalb von 2 Wochen angefochten werden, wenn die Einigungsstelle das ihr zustehende Ermessen überschritten hat (§ 76 Abs. 5 Satz 4 BetrVG). Andere Unwirksamkeitsgründe können jederzeit geltend gemacht werden. Sollen Rechte aus dem Spruch einer Einigungsstelle geltend gemacht werden, können die Gerichte in diesem Gerichtsverfahren auch als Vorfrage prüfen, ob Unwirksamkeitsgründe vorliegen.

Unwirksamkeitsgründe

Unwirksamkeitsgründe können sich z. B. ergeben
- aus Verstößen gegen wesentliche Verfahrensvorschriften
- aus einem Verstoß gegen höherrangiges Recht
- bei der Auslegung unbestimmter Rechtsbegriffe

Begriffserklärungen:
Zu den **wesentlichen Verfahrensvorschriften** gehört z.B. die ordnungsgemäße Ladung zu den Sitzungen der Einigungsstelle. War nicht ordnungsgemäß durch den Vorsitzenden zum Einigungsstellentermin geladen, ist ein Beschluss, der in dieser Sitzung gefasst wurde, unwirksam.[10]
Höherrangiges Recht ist jede gesetzliche Regelung, die von den Betriebsparteien nicht verändert werden darf, z.B. § 4 Arbeitszeitgesetz (ArbZG). Danach muss ein Arbeitnehmer spätestens nach 6 Stunden Arbeit eine Ruhepause einlegen.
Unbestimmte Rechtsbegriffe sind solche, die bei unterschiedlichen Tatsachen eine unterschiedliche Bedeutung haben können. Der Begriff »rechtszeitig« z.B. kann bei unterschiedlichen Sachverhalten eine unterschiedliche Bedeutung haben.

Die Auslegung unbestimmter Rechtsbegriffe unterliegt immer den Gerichten und nicht der Einigungsstelle.

e. Kündigung des Spruchs einer Einigungsstelle

Da der Spruch der Einigungsstelle den Charakter einer Betriebsvereinbarung hat, kann er wie eine Betriebsvereinbarung gekündigt werden, also nach § 77 Abs. 5 BetrVG innerhalb einer Frist von 3 Monaten. Im Rahmen der erzwingbaren Mitbestimmung wirkt die Betriebsvereinbarung bzw. der Spruch der Einigungsstelle nach, bis sie durch eine andere Vereinbarung ersetzt wird.

7. Kosten der Einigungsstelle

Nach § 76a Abs. 1 BetrVG trägt die Kosten der Einigungsstelle der **Arbeitgeber**. **§ 76a BetrVG**

a. Vergütungsansprüche

Unterschieden wird zwischen der Vergütung des Vorsitzenden, der externen Beisitzer und der internen Beisitzer.
Arbeitnehmer des Betriebs haben keinen gesonderten Vergütungsanspruch gegenüber dem Arbeitgeber. Sie sind gemäß § 37 Abs. 2 BetrVG **Interne Beisitzer**

10 BAG 27.6.1995 – 1 ABR 3/95.

von ihrer beruflichen Tätigkeit ohne Minderung des Arbeitsentgelts freizustellen.

> **Hinweis:**
> Soweit die Einigungsstelle aus betriebsbedingten Gründen außerhalb der Arbeitszeit des Beisitzers durchzuführen ist, hat das Betriebsratsmitglied Anspruch auf entsprechenden Freizeitausgleich. Weitere Vergütungsansprüche bestehen nicht. Dies würde dem Betriebsratsamt als Ehrenamt (§ 37 Abs. 1 BetrVG) widersprechen.

Vorsitzender, externe Beisitzer

Die Höhe der Vergütung des Vorsitzenden und der externen Beisitzer richten sich nach § 76a Abs. 4 BetrVG. Danach kann das Bundesministerium für Arbeit und Soziales durch Rechtsverordnung die Vergütung regeln. Hiervon hat das Bundesministerium aber bisher keinen Gebrauch gemacht.

> **Hinweis:**
> Da eine Rechtsverordnung über die Höhe der Vergütung nicht existiert, muss die Vergütung jeweils im Einzelfall neu vereinbart werden.

Über die Höhe der Vergütung wird meist schon im Vorfeld der Einigungsstelle eine Vereinbarung zwischen dem Vorsitzenden und dem Arbeitgeber getroffen. Kommt eine Einigung zwischen Arbeitgeber und dem Vorsitzenden nicht zustande, hat der Vorsitzende ein einseitiges Bestimmungsrecht. Er kann die Vergütung nach billigem Ermessen selbst festsetzen.[11]

> **Hinweis:**
> Meist wird ein Tageshonorar zwischen dem Vorsitzenden der Einigungsstelle und dem Arbeitgeber vereinbart. Stellen die externen Beisitzer 70 % der Vergütung des Vorsitzenden in Rechnung, entspricht dies jedenfalls billigem Ermessen.[12]

Externe Beisitzer des Betriebsrats

Voraussetzung für die Vergütung der externen Beisitzer des Betriebsrats ist ein wirksamer **Betriebsratsbeschluss** über die Bestellung als Beisitzer. Liegt dieser vor, haben die externen Beisitzer einen eigenen Vergütungsanspruch gegenüber dem Arbeitgeber. Der ordnungsgemäße Betriebsratsbeschluss muss vor Aufnahme der Tätigkeit als Beisitzer gefasst worden sein. Im Ausnahmefall kann der Betriebsrat ihn auch noch

11 BAG 12. 2. 1992 – 7 ABR 20/91.
12 BAG 12. 2. 1992 – 7 ABR 20/91.

nachholen.[13] Der Betriebsrat kann die Beschlussfassung sogar nach Beendigung der Einigungsstelle nachholen.

> **Hinweis:**
> Auch Beisitzern, die Gewerkschaftssekretäre sind, steht ein Honorar für ihre Tätigkeit in der Einigungsstelle zu. Dies gilt unabhängig von der Frage, ob sie verpflichtet sind, ihr Honorar ganz oder teilweise an die Gewerkschaft abzuführen. Wichtig ist es jedoch auch hier, dass die Bestellung als Beisitzer ordnungsgemäß beschlossen wurde.

Verfahrensbevollmächtigte

Manchmal lassen sich Betriebsräte durch ihren **Rechtsanwalt** als Verfahrensbevollmächtigten vor der Einigungsstelle vertreten. Die Kosten eines Verfahrensbevollmächtigten vor der Einigungsstelle sind keine Kosten der Einigungsstelle, sondern Kosten der Betriebsratsarbeit nach § 40 BetrVG. **Voraussetzung für die Hinzuziehung** als Verfahrensbevollmächtigter ist, dass

- der Regelungsgegenstand der Einigungsstelle schwierige Rechtsfragen aufwirft, die zwischen den Betriebsparteien umstritten sind und
- kein Betriebsratsmitglied über den notwendigen juristischen Sachverstand verfügt.[14]

Da auch diese Fragen häufig strittig sind, wird oft im Nachhinein darüber gestritten, ob die Kosten erforderlich waren. Voraussetzung ist in jedem Fall, dass eine ordnungsgemäße Beschlussfassung des Betriebsrats vorliegt.

> **Hinweis:**
> Im Streitfall empfiehlt sich eine Bestellung als Beisitzer.

b. Sachkosten; allgemeine Kosten

Zu den vom Arbeitgeber zu tragenden Kosten gehören auch die allgemeinen Sachkosten, also Kosten für

- Räume
- Schreibmaterial
- Telefon und Porto

Kosten für Sachverständige

Die Einigungsstell darf auch ohne Zustimmung des Arbeitgebers nach Beschlussfassung einen Sachverständigen beauftragen. Auch diese Kosten zählen zu den allgemeinen Kosten der Einigungsstelle.

---

13 BAG 10.10.2007 – 7 ABR 51/06.
14 BAG 21.6.1989 – 7 ABR 78/87.

c. Gerichtliche Durchsetzung der Kosten

Soweit der Arbeitgeber seiner Kostentragungspflicht nicht nachkommt, müssen die Ansprüche des Vorsitzenden und der externen Beisitzer im **arbeitsgerichtlichen Beschlussverfahren** durchgesetzt werden.
Die Kosten der internen Beisitzer müssen ebenfalls gerichtlich durchgesetzt werden. Es handelt sich regelmäßig um Vergütungs- oder Freistellungsansprüche.

VII. Das arbeitsgerichtliche Verfahren

Betriebsräte sollten sich nicht scheuen, ihre Ansprüche auch gerichtlich durchzusetzen, wenn es notwendig ist.
Der Verstoß gegen das Betriebsverfassungsgesetz ist kein Kavaliersdelikt. Straftaten gegen Betriebsräte und ihre Mitglieder können mit einer Freiheitsstrafe von bis zu einem Jahr bestraft werden oder mit einer Geldstrafe (§ 119 BetrVG). Außerdem können für bestimmte Vergehen Bußgelder verhängt werden (§ 121 BetrVG). Aber auch dann, wenn weder eine Freiheitsstrafe noch ein Bußgeld verhängt werden kann, gibt es Möglichkeiten, wie Betriebsräte ihre Rechte durchsetzen können.
Nur bei konsequenter Betriebsratsarbeit können die Rechte der Betriebsräte erfolgreich durchgesetzt werden. Wenn der Betriebsrat den Arbeitgeber z. B. auffordert, keine Überstunden arbeiten zu lassen, solange der Betriebsrat nicht zugestimmt hat, muss es Konsequenzen haben, wenn der Arbeitgeber sich an die gesetzliche Regelung (§ 87 Abs. 1 Nr. 3 BetrVG) nicht hält.

1. Begrifflichkeiten und grundlegende Ausführungen

Um die Unsicherheit zu nehmen und um die Fachbegriffe zu erläutern, folgen zunächst einige Ausführungen, was den Betriebsrat bei Gericht erwartet und mit welchen Fachbegriffen er konfrontiert wird.

a. Aufbau der Arbeitsgerichtsbarkeit

In der Arbeitsgerichtsbarkeit gibt es **drei Instanzen**. Ein Verfahren wird immer zunächst beim Arbeitsgericht eingeleitet. Die zweite Instanz ist das Landesarbeitsgericht und die dritte Instanz das Bundesarbeitsgericht.

Übersicht zum Instanzenmodell auf Seite 67

b. Verfahrensarten

Beim Arbeitsgericht gibt es zwei Verfahrensarten, nämlich
- das Urteilsverfahren (§ 2 ArbGG) und
- das Beschlussverfahren (§ 2a ArbGG).

Begriffserklärungen:
Das **Urteilsverfahren** findet Anwendung, wenn ein Arbeitnehmer eines Betriebs gegen den Arbeitgeber klagt und umgekehrt.
Das **Beschlussverfahren** findet Anwendung, wenn der Betriebsrat gegen den Arbeitgeber klagt und umgekehrt.

aa. Urteilsverfahren

Begriffe im Urteilsverfahren

Die **Beteiligte** im Urteilsverfahren nennt man Kläger und Beklagte. Kläger ist derjenige, der Klage erhoben hat. Der Beklagte ist derjenige, der verklagt wurde. Das bedeutet, dass nicht immer automatisch der Arbeitnehmer Kläger ist, sondern dass es darauf ankommt, wer das Verfahren eingeleitet hat.
Die **Termine** vor dem Arbeitsgericht sind Güte- bzw. Kammertermine.
Die **Entscheidung** des Gerichts nennt man Urteil.
Ein **Rechtsmittel** gegen eine Entscheidung des Arbeitsgerichts nennt man Berufung. Ein Rechtsmittel gegen eine Entscheidung des Landesarbeitsgerichts nennt man Revision.

bb. Beschlussverfahren

Begriffe im Beschlussverfahren

Die **Beteiligten** im Beschlussverfahren nennt man entweder Antragsteller und Antragsgegner oder Beteiligter zu 1. und Beteiligter zu 2. Weitere Beteiligte werden dann fortlaufend durchnummeriert, also Beteiligter zu 3., Beteiligter zu 4. usw. Antragsteller oder Beteiligter zu 1. ist derjenige, der das Verfahren eingeleitet hat. Dies kann sowohl der Arbeitgeber als auch der Betriebsrat sein. Antragsgegner oder Beteiligter zu 2. ist dann immer die jeweils andere Partei.

Hinweis:
Weitere Beteiligte gibt es, wenn andere Personen als der Betriebsrat und der Arbeitgeber in ihrer Rechtsstellung durch die Entscheidung des Gerichts betroffen sein können.

Beispiel 1:
Arbeitgeber und Betriebsrat streiten darüber, ob bestimmte Arbeitnehmer leitende Angestellte sind. Ein entsprechender Antrag würde lauten: »Es wird beantragt, festzustellen, dass Herr XY leitender Angestellter ist.« In einem solchen Verfahren wird eine bestimmte Rechtsposition eines Beschäftigten durch das Gericht festgestellt. Hier müssen die betroffenen Beschäftigten zwingend am Verfahren beteiligt werden. Die Entscheidung des Gerichts hat unmittelbaren Einfluss auf ihre Rechtsstellung, weil verbindlich festgestellt wird, ob ein Beschäftigter leitender Angestellter ist oder nicht.

Beispiel 2:
Der Betriebsrat hat die Zustimmung zu einer Versetzung eines Arbeitnehmers verweigert. Will der Arbeitgeber die Versetzung trotzdem durchführen, muss der Arbeitgeber sich die fehlende Zustimmung des Betriebsrats durch das Arbeitsgericht ersetzen lassen. Ein entsprechender Antrag würde lauten: »Es wird beantragt, die fehlende Zustimmung des Betriebsrats zur Versetzung des Arbeitnehmers XY von der Abteilung A in die Abteilung B zu ersetzen.« In einem solchen Fall ist der Arbeitnehmer **nicht** zu beteiligen. Gegenstand des Beschlussverfahrens nach § 99 BetrVG ist die ordnungsgemäße Beteiligung des Betriebsrats sowie die Frage, ob der Betriebsrat seine Zustimmung zu einer personellen Maßnahme zu Recht verweigert hat, nicht das Individualrecht einzelner Arbeitnehmer.[15]

Die **Termine** vor dem Arbeitsgericht nennt man im Beschlussverfahren Gütetermin und Anhörungstermin.
Die **Entscheidung** des Gerichts nennt man Beschluss.
Das **Rechtsmittel** gegen einen Beschluss des Arbeitsgerichts ist die Beschwerde und das Rechtsmittel gegen einen Beschluss des Landesarbeitsgerichts die Rechtsbeschwerde.

Nachfolgend wird zunächst das Beschlussverfahren behandelt, weil Betriebsratsrechte des Gremiums nur in dieser Verfahrensart gerichtlich durchgesetzt werden können. Es gibt aber auch Rechte der einzelnen Betriebsratsmitglieder, die im Individualverfahren durchgesetzt werden müssen. !

Hinweis:
Eine Rechtschutzversicherung und/oder die Mitgliedschaft in einer Gewerkschaft ist deshalb sinnvoll. Betriebsratsmitglieder kommen häufiger als

15 BAG 27.5.1982 – 6 ABR 105/79.

andere Arbeitnehmer in die Lage, ihre Ansprüche gerichtlich durchsetzen zu müssen.

2. Ablauf des Beschlussverfahrens

a. Richtiger Antragsteller auf Betriebsratsseite

Wichtig ist es, dass auf Betriebsratsseite das richtige Gremium den Antrag stellt, um das Beschlussverfahren vor dem Arbeitsgericht einzuleiten.

aa. Zuständigkeit des Betriebsrats

Grundsätzlich stehen die im Betriebsverfassungsgesetz geregelten Rechte den Betriebsräten zu, es sei denn, im Gesetz ist es ausnahmsweise anders geregelt. Diese festgelegten Ausnahmen sind

- § 50 BetrVG: Zuständigkeit des Gesamtbetriebsrats
- § 58 BetrVG: Zuständigkeit des Konzernbetriebsrats

Gesamtbetriebsrat

Ein Gesamtbetriebsrat (GBR) ist zu bilden, wenn in einem Unternehmen mehrere Betriebsräte bestehen (§ 47 Abs. 1 BetrVG). Mehrere Betriebsräte bestehen in dem Unternehmen regelmäßig, wenn es z. B. mehrere Betriebe hat.

Ein Unternehmen ist entweder eine juristische Person (z. B. Aktiengesellschaft oder GmbH) oder eine natürliche Person (z. B. ein Kaufmann, der ein Unternehmen persönlich haftend führt) sein.

Beispiel:
Die XY GmbH hat ihre Zentrale in Berlin. In München, Frankfurt und Düsseldorf hat die XY GmbH Produktionsstandorte. In allen Betrieben (Berlin, München, Frankfurt und Düsseldorf) gibt es Betriebsräte. Diese Betriebsräte müssen dann einen Gesamtbetriebsrat bilden.

Konzernbetriebsrat

Für einen Konzern kann durch Beschlüsse der einzelnen Gesamtbetriebsräte ein Konzernbetriebsrat (KBR) errichtet werden. Wenn es keinen GBR gibt, kann der Betriebsrat den Beschluss fassen.

Ein Konzern ist die Zusammenfassung mehrerer rechtlich selbständiger Unternehmen unter einer einheitlichen Leitung (§ 18 Abs. 1 AktG).

Hinweis:
Die Abgrenzung kann im Einzelnen schwierig sein, deshalb ist im Streitfall eine rechtliche Beratung notwendig.

bb. Zuständigkeit des Gesamtbetriebsrats

Originäre Zuständigkeit

Der GBR ist dem Betriebsrat nicht übergeordnet. Vielmehr wurden ihm nach dem Gesetz nur ganz bestimmte Aufgaben zugewiesen. Dazu heißt es in § 50 BetrVG:

»Der Gesamtbetriebsrat ist zuständig für die Behandlung von Angelegenheiten, die das Gesamtunternehmen oder mehrere Betriebe betreffen und nicht durch die einzelnen Betriebsräte innerhalb ihres Betriebs geregelt werden können.«

Denkbar sind technische oder rechtliche Gründe, aus denen sich ein zwingendes Erfordernis für eine Behandlung durch den GBR ergibt. Würde z. B. ohne einheitliche Regelung eine technisch untragbare Störung der Produktion eintreten, wäre der GBR zuständig.[16]

> **Hinweis:**
> Das Interesse des Arbeitgebers an einer einheitlichen Regelung begründet keine originäre Zuständigkeit. Auch die bloße Zweckmäßigkeit einer einheitlichen Regelung begründet keine originäre Zuständigkeit.

Hier einige **Einzelfälle** aus der Rechtsprechung, bei der eine originäre Zuständigkeit **bejaht** wurde:

- Unternehmensweite Einführung eines EDV-Systems, wenn eine unterschiedliche Ausgestaltung in den einzelnen Betrieben mit der einheitlichen Funktion des Systems nicht vereinbar wäre;[17]
- Einführung einer Telefonvermittlungsanlage, wenn damit eine zentrale Steuerung des Telefonsystems mit einer filialweiten Rufweiterschaltung, auch außerhalb der Bürozeiten, verbunden ist;[18]
- Durchführung eines Interessenausgleichs bei einer betriebsübergreifenden Betriebsänderung;[19]
- Einführung einheitlicher Sicherheitsstandards für Montagemitarbeiter;[20]
- Unternehmenseinheitliche Nutzung von Microsoft Office 365;[21]

---

16 BAG 9.12.2003 – 1 ABR 49/02 (hier vom BAG abgelehnt).
17 BAG 14.11.2006 – 1 ABR 4/06.
18 BAG 11.11.1998 – 1 ABR 47/97.
19 BAG 7.7.2011 – 6 AZR 248/10.
20 BAG 16.6.1998 – 1 ABR 68/97.
21 BAG 08.3.2022 – 1 ABR 20/21.

- Einführung eines Headset-Systems, welches von Arbeitnehmern der IT-Zentrale einheitlich betreut und gewartet wird.[22]

Nachfolgend einige **Einzelfälle** aus der Rechtsprechung, bei der eine originäre Zuständigkeit **verneint** wurde:

- Einführung einer Vergütungsordnung für AT-Angestellte;[23]
- Aus der Zuständigkeit für den Interessenausgleich folgt nicht zwingend die Zuständigkeit für den Sozialplan;[24]
- Wunsch des Arbeitgebers, einheitliche Servicezeiten zu regeln;[25]
- Bei personellen Einzelmaßnahmen ist die Zuständigkeit grundsätzlich abzulehnen; sie kommt lediglich in Betracht, wenn ein Arbeitsverhältnis mehreren Betrieben des Unternehmens gleichzeitig zuzuordnen ist;[26]
- Regelung zu Nachweispflichten von Arbeitnehmern bei krankheitsbedingter Arbeitsunfähigkeit;[27]
- Bei Maßnahmen des Gesundheitsschutzes liegt die Zuständigkeit grundsätzlich beim Betriebsrat;[28]
- Das Verlangen Arbeitsplätze innerbetrieblich auszuschreiben liegt beim Betriebsrat.[29]

Die **Abgrenzung** ist im Einzelfall **nicht immer leicht** zu treffen.

Hinweis:
Bei Angelegenheiten, bei denen der Arbeitgeber freiwillig eine Leistung erbringt, bestimmt der Arbeitgeber, ob er mit dem GBR oder dem BR eine Regelung treffen möchte.[30]

Delegation an den GBR

Wenn die Betriebsräte ein Interesse daran haben, eine Angelegenheit einheitlich durch den GBR regeln zu lassen, können sie die Verhandlungen und den Abschluss einer Betriebsvereinbarung in dieser Angelegenheit vorsorglich an den GBR delegieren (§ 50 Abs. 2 BetrVG). Es ist auch möglich, lediglich die Verhandlungen zu delegieren und sich den Abschluss der Betriebsvereinbarung selbst vorzubehalten.

22 BAG 16.7.2024 – 1 ABR 16/23.
23 BAG 23.3.2010 – 1 ABR 82/08.
24 BAG 3.5.2006 – 1 ABR 15/05.
25 BAG 9.12.2003 – 1 ABR 49/02.
26 BAG 21.3.1996 – 2 AZR 559/95.
27 BAG 23.8.2016 – 1 ABR 43/14.
28 BAG 18.7.2017 – 1 ABR 59/15.
29 BAG 29.9.2020 – 1 ABR 17/19.
30 BAG 21.1.2003 – 3 ABR 26/02.

Begriffserklärung:
Delegation bedeutet, dass der Betriebsrat beschließt, den Gesamtbetriebsrat zu beauftragen, eine Angelegenheit für ihn zu behandeln.

Sich den Abschluss der Betriebsvereinbarung vorzubehalten, hat den Vorteil, dass der Betriebsrat sich das konkrete Ergebnis zunächst anschauen kann, bevor er hierzu pauschal ein Mandat an den GBR erteilt.

Beachte:
Die Delegation setzt voraus, dass der Betriebsrat einen ordnungsgemäßen Beschluss gefasst hat. Dieser muss entsprechen § 50 Abs. 2 in Verbindung mit § 27 Abs. 2 und 3 BetrVG mit der Mehrheit der Mitglieder des Betriebsrats gefasst sein. Ein einfacher Mehrheitsbeschluss genügt nicht. Darüber hinaus muss die Delegation an den GBR schriftlich erfolgen.

Näheres zum Betriebsratsbeschluss in Band 2

Es empfiehlt sich, die schriftlichen Delegationen und das Protokoll zur Beschlussfassung zusammen mit der abgeschlossen Gesamtbetriebsvereinbarung aufzubewahren. Bei Streitigkeiten ist auch die ordnungsgemäße Beschlussfassung der örtlichen Betriebsräte nachzuweisen.

cc. Zuständigkeit des Konzernbetriebsrats

§ 58 BetrVG

Der Konzernbetriebsrat (KBR) ist zuständig für die Behandlung von Angelegenheiten, die den Konzern oder mehrere Konzernunternehmen betreffen und nicht durch die einzelnen Gesamtbetriebsräte innerhalb ihrer Unternehmen geregelt werden können.
Das Verhältnis zwischen KBR und GBR ist mit dem Verhältnis zwischen GBR und BR vergleichbar.
Auch hier gelten dieselben Grundsätze wie bei Beschlussfassung zur Delegation und der Schriftform der Delegation wie bei dem GBR. Eine Delegation an den KBR bedarf der Mehrheit der Mitglieder des GBR. Es kommt nicht ausschließlich auf die vertretenen Arbeitnehmer an.

b. Gütetermin

Einzelrichter

Nach Antragstellung findet in der Regel zunächst ein Gütetermin statt. Beim Gütetermin ist nur der Berufsrichter anwesend.
Wie es der Name schon sagt, soll in diesem Termin eine gütliche Einigung herbeigeführt werden. Eine gütliche Einigung kann im Wege eines Vergleichs vor Gericht protokolliert werden. Ein Vergleich ist ein Titel des

Betriebsrats, wie der Beschluss auch, aus dem eine Vollstreckung herbeigeführt werden kann.

> **Beispiel:**
> Der Betriebsrat leitet ein Gerichtsverfahren ein, weil der Arbeitgeber die Kosten seines Anwalts nicht tragen will. Im Gütetermin wird die Sache besprochen und der Arbeitgeber ist bereit die Kosten zu tragen. Diese Einigung kann dann als sogenannter Vergleich protokolliert werden und damit ist das Verfahren beendet.

Ein Vergleich wird protokolliert, indem das Gericht den Inhalt der Einigung in das Protokoll der Sitzung aufnimmt. Dies kann durch Aufzeichnung mit Hilfe eines Diktiergeräts geschehen oder durch Protokollführung. Anschließend wird der Text vorgelesen oder vorgespielt und von den Parteien genehmig. Durch die Genehmigung der Parteien ist der Vergleich zustande gekommen.

c. Anhörungstermin

Kammer oder Senat

Konnte im Gütetermin keine Einigung erzielt werden, folgt der Anhörungstermin. Im Anhörungstermin ist die Kammer anwesend. Die Kammer besteht vor dem Arbeitsgericht und vor dem Landesarbeitsgericht aus einem Berufsrichter und zwei ehrenamtlichen Richtern.
Beim BAG gibt es keine Kammern, sondern Senate. Diese bestehen aus drei Berufsrichtern und zwei ehrenamtlichen Richtern.

Berufsrichter

Der Berufsrichter hat den Vorsitz der Kammer bzw. einer der Berufsrichter hat den Vorsitz des Senats. Der Vorsitzende führt die Verhandlungen.

Ehrenamtliche Richter

Von den zwei ehrenamtlichen Richtern stammt einer aus Arbeitgeberkreisen und einer aus den Kreisen der Arbeitnehmer. Vorgeschlagen werden die ehrenamtlichen Richter vom Arbeitgeberverband und von den Gewerkschaften. Auf Arbeitnehmerseite sind die ehrenamtlichen Richter oft erfahrene Betriebsräte.
Der Anhörungstermin soll so vorbereitet sein, dass im Idealfall im Anhörungstermin das Verfahren entscheidungsreif ist. Auch im Anhörungstermin wird versucht, eine gütliche Einigung herbeizuführen. Klappt das nicht, wird durch die Kammer entschieden.

> **Hinweis:**
> Alle drei Richter haben jeweils eine Stimme. Theoretisch ist es also möglich, dass die ehrenamtlichen Richter den hauptamtlichen Richter überstimmen.

d. Das Gericht

Sieht man im Gericht die Kammer vor sich, sitzt in der Mitte der Vorsitzende, rechts der ehrenamtliche Richter von Arbeitnehmerseite und links der ehrenamtliche Richter von Arbeitgeberseite. **Sitzordnung**
Der Antragsteller sitzt auf der rechten Seite und der Antragsgegner auf der linken Seite.

Ehrenamtlicher Richter der Arbeitgeberseite	**Vorsitzender** (Berufsrichter)	**Ehrenamtlicher Richter** der Arbeitnehmerseite
Antragsgegner		Antragsteller

e. Entscheidungen des Gerichts

Die Entscheidung des Gerichts ergeht durch **Beschluss**. Der Beschluss wird rechtskräftig, wenn die unterlegene Partei kein Rechtsmittel eingelegt oder die letzte Instanz (das Bundesarbeitsgericht) entschieden hat.

Hinweis:
Erst eine rechtskräftige Entscheidung muss die unterlegene Partei einhalten. Aus einer rechtskräftigen Entscheidung oder aus einem Vergleich kann die Zwangsvollstreckung betrieben werden.

In Eilverfahren gilt etwas anderes. Siehe dazu die folgenden Ausführungen. **!**

3. Das Individualverfahren

Einige Streitigkeiten zwischen Betriebsratsmitgliedern und dem Arbeitgeber sind Individualstreitigkeiten.
Dazu gehören:
Gewährung von Freizeitausgleich, wenn Betriebsratsarbeit außerhalb der Arbeitszeit durchgeführt werden musste.
Fortzahlung des Arbeitsentgelts bei Arbeitsbefreiung wegen der Betriebsratsarbeit oder einer Schulung.

Beispiel:
Der Betriebsrat hat beschlossen, dass das Betriebsratsmitglied an der Schulung »Betriebsverfassungsrecht 1« teilnimmt. Eine Schulung hatte das Betriebsratsmitglied noch nicht. Dennoch will der Arbeitgeber die Kosten nicht tragen. Der Betriebsrat bucht das Seminar trotzdem und das Betriebsratsmitglied nimmt an der Schulung teil. Der Arbeitgeber zahlt weder die Schulungskosten noch das Arbeitsentgelt des Betriebsratsmitglieds für die Dauer der Schulung.
Für die Schulungskosten kann der Betriebsrat dann ein Kostenfreistellungsverfahren einleiten.

Begriffserklärung: Dies ist ein Verfahren, in dem geklärt wird, ob der Betriebsrat von seiner Kostentragungspflicht für das Seminar freigestellt wird. Dies mit der Folge, dass der Arbeitgeber die Kosten zu tragen hat.

Hinweis:
Wenn der Betriebsrat das Seminar bucht, ist er der Kostenschuldner. Das Arbeitsentgelt des Betriebsratsmitglieds kann der Betriebsrat jedoch nicht einklagen, da es sich bei dem Arbeitsentgelt um einen Individualanspruch handelt.

4. Eilverfahren und einstweilige Verfügung

Wenn besonders schnell eine Entscheidung benötigt wird, kann eine einstweilige Verfügung beantragt werden. Das ist fast immer nur eine vorläufige Entscheidung. Gerichtsverfahren dauern häufig sehr lange und eine vorläufige Entscheidung soll verhindern, dass es bis zum Abschluss des Hauptverfahrens zu Schäden kommt, die später nicht mehr rückgängig gemacht werden können. Die endgültige Entscheidung in der Sache fällt aber in der Regel erst mit dem Abschluss des Hauptverfahrens. Für den Erlass einer einstweiligen Verfügung benötigt man einen Verfügungsanspruch und einen Verfügungsgrund.

a. Verfügungsanspruch

Anspruchsgrundlage

Einen Verfügungsanspruch hat der Betriebsrat, wenn es für sein Begehren eine Anspruchsgrundlage gibt.

Beispiel:
Nach § 87 Abs. 1 Nr. 6 BetrVG hat der Betriebsrat ein Mitbestimmungsrecht bei der Einführung und Anwendung von technischen Einrichtungen, die dazu bestimmt sind, die Leistung und das Verhalten der Arbeitnehmer zu überwachen. Kündigt der Arbeitgeber an, dass er eine Überwachungskamera aufhängen will und kommt keine Einigung zustande, darf der Arbeitgeber die Kamera nicht aufhängen. Treibt er seine Absicht trotzdem weiter voran, indem z. B. eine Firma beauftragt wird, ist damit zu rechnen, dass demnächst, gegen das Mitbestimmungsrecht verstoßen wird, nämlich wenn die Firma die Installation abgeschlossen hat. In diesem Fall hat der Betriebsrat gegenüber dem Arbeitgeber einen Anspruch darauf, dass dieser die Installation nicht vornimmt.

b. Verfügungsgrund

Eilbedürftigkeit

Verfügungsgrund ist die besondere Eilbedürftigkeit des Verfahrens. Dieser besteht dann, wenn die rechtskräftige Entscheidung im Hauptsacheverfahren nicht abgewartet werden kann. Entscheidungen im einstweiligen Verfügungsverfahren sind immer schon vollstreckbar. Deshalb ist die Eilbedürftigkeit meist dann zu bejahen, wenn das Recht des Betriebsrats unwiederbringlich verloren geht.

Beispiel:
Im Fall der Kameraeinführung bedeutet dies, dass der Anspruch des Betriebsrats vor der Einführung der technischen Einrichtung mitzubestimmen unwiederbringlich verloren geht, wenn die Kamera schon installiert ist. Selbst wenn die Kamera wieder abgebaut wird, geht das Mitbestimmungsrecht jedenfalls für die Dauer des Verstoßes unwiederbringlich verloren.
Ergebnis: Der Betriebsrat hat gegenüber dem Arbeitgeber einen Anspruch auf Unterlassung der Einführung der Kameraüberwachung.

Ist das Mitbestimmungsrecht bereits verletzt worden, besteht ein Unterlassungsanspruch bei Wiederholungsgefahr. **!**

Die Eilbedürftigkeit besteht aber dann nicht, wenn der Betriebsrat **zu lange abwartet**, nachdem der Arbeitgeber gegen ein Mitbestimmungsrecht des Betriebsrats verstoßen hat.[31]

31 LAG Hessen 25. 6. 2009 – 5 TaBVGa 52/09.

Beispiel:
Der Arbeitgeber verlangt von allen Arbeitnehmern, die mehr als drei Mal pro Jahr im Zusammenhang mit Wochenenden oder Feiertagen arbeitsunfähig erkrankt waren, eine Krankmeldung ab dem ersten Tag der Arbeitsunfähigkeit. Die Anweisung besteht schon seit 3 Monaten und der Betriebsrat wusste auch von dieser Anweisung.

Hier hat der Betriebsrat ein Mitbestimmungsrecht nach § 87 Abs. 1 Nr. 1 BetrVG, also einen Verfügungsanspruch. Die Rechtsprechung verneint aber einen Verfügungsgrund, weil der Betriebsrat selbst die Missachtung seines Mitbestimmungsrechts 3 Monate hingenommen hat, bevor er aktiv wurde. Hier ist nur noch das »normale« Beschlussverfahren möglich.

5. Ausgewählte Gerichtsverfahren

a. Durchsetzung von Unterlassungsansprüchen

aa. Unterlassungsanspruch bei groben Verstößen des Arbeitgebers

§ 23 BetrVG Der Betriebsrat kann verlangen, dass der Arbeitgeber eine bestimmte Maßnahme unterlässt, wenn der Arbeitgeber mit der Maßnahme **grob** gegen seine Verpflichtungen aus dem BetrVG verstößt.

Begriffserklärung:
Ein grober Verstoß liegt vor, wenn der Arbeitgeber einen schwerwiegenden Pflichtverstoß begangen hat. Wenn der Arbeitgeber mehrfach Mitbestimmungsrechte des Betriebsrats missachtet hat, stellt das einen groben Verstoß dar.
Leichtere Verstöße können bei Fortsetzung oder Wiederholung zu einem schweren Verstoß werden. Eine Wiederholungsgefahr liegt vor, wenn die Besorgnis weiterer Verstöße besteht.

Beispiel:
Während einer Gruppenleiterbesprechung beantragte ein Arbeitnehmer eine Fortbildungsmaßnahme. Der Arbeitgeber teilte daraufhin mit, dass die Finanzierung ein Problem sei, weil aus dem Fortbildungsetat auch die Betriebsratskosten bestritten werden müssen. Dies wurde im Protokoll der Gruppenleiterbesprechung festgehalten und in allen Gruppen ausgelegt.

Der Betriebsrat beantragte vor Gericht die Unterlassung dieser Äußerungen. Das BAG entschied, dass es sich um eine Behinderung der Betriebsratsarbeit handelt und damit um einen groben Verstoß des Arbeitgebers i. S. d. § 23 Abs. 3 BetrVG.[32] In diesem Fall genügte auch der einmalige Verstoß, weil es sich um einen groben Verstoß handelte.

bb. Allgemeiner Unterlassungsanspruch

Wenn ein Verstoß zwar rechtswidrig ist, aber keine grobe Pflichtwidrigkeit des Arbeitgebers darstellt, hat der Betriebsrat nach der Rechtsprechung des BAG bei Verletzung seiner Mitbestimmungsrechte nach § 87 BetrVG einen allgemeinen Anspruch auf Unterlassung der mitbestimmungswidrigen Maßnahme.[33] Durch diesen allgemeinen Anspruch soll ein »rechtsfreier Raum« zugunsten des Arbeitgebers verhindert werden, wenn ein Verstoß zwar rechtswidrig ist, aber noch nicht als grobe Pflichtverletzung eingeordnet werden kann.

> **Beispiel:**
> Arbeitgeber und Betriebsrat haben in einer Betriebsvereinbarung eine Arbeitszeit von 9.00 Uhr bis 18.00 Uhr bei 1 Stunde Mittagspause vom 13.00 Uhr bis 14.00 Uhr vereinbart. Der Arbeitgeber findet es plötzlich besser, früher anzufangen. Deshalb erteilt er die Anweisung, dass die Arbeitnehmer zukünftig schon um 8.00 Uhr anfangen müssen. Unabhängig davon, ob man in dem Verhalten des Arbeitgebers einen groben Verstoß sieht, hat der Betriebsrat einen allgemeinen Unterlassungsanspruch.

b. Ordnungsgeld

Androhung in der Entscheidung

Hat der Betriebsrat eine rechtskräftige gerichtliche Entscheidung, dass der Arbeitgeber eine bestimmte Angelegenheit unterlassen muss und verstößt der Arbeitgeber gegen diese Pflicht, kann das als Strafe ein Ordnungsgeld nach sich ziehen. Das hat zwei Voraussetzungen:

- Eine **gerichtliche Entscheidung** bestimmt, dass der Arbeitgeber eine bestimmte Maßnahme (z. B. Aufhängen von Kameras) unterlassen muss und
- dem Arbeitgeber wurde in der Entscheidung ein Ordnungsgeld für jeden zukünftigen Verstoß **angedroht.**

Der Antrag auf Androhung eines Ordnungsgeldes kann im selben Verfahren wie der Unterlassungsantrag gestellt werden.

---

32 BAG 12.11.1997 – 7 ABR 14/97.

33 BAG 3.5.1994 – 1 ABR 24/93.

Beispiel:
Es wird beantragt,
1. dem Arbeitgeber aufzugeben, es zu unterlassen, Überstunden anzuordnen oder entgegenzunehmen, ohne zuvor die Zustimmung des Betriebsrats eingeholt zu haben, ohne dass der Beschluss einer Einigungsstelle die Zustimmung des Betriebsrats ersetzt hat.
2. Für jeden Fall der Zuwiderhandlung ein Ordnungsgeld von bis zu € 10 000,00 anzudrohen.

c. Durchsetzung von Durchführungsansprüchen

Der Arbeitgeber ist verpflichtet, abgeschlossene Betriebsvereinbarung vereinbarungsgemäß durchzuführen. Macht der Arbeitgeber dies nicht, kann der Betriebsrat nicht eigenmächtig die Betriebsvereinbarung durchführen. Vielmehr hat er gegenüber dem Arbeitgeber einen Durchführungsanspruch.[34]

! **Ob ein Unterlassungsanspruch oder ein Durchführungsanspruch durchgesetzt werden soll, muss im Einzelfall mit dem Anwalt besprochen werden. Oft ist beides möglich.**

Anspruch der Partei der Vereinbarung

Der Anspruch auf Durchführung steht dem Betriebsrat zu, der selbst Partei der Vereinbarung ist. Schließt der GBR in originärer Zuständigkeit eine Betriebsvereinbarung ab, steht der Durchführungsanspruch ihm und nicht dem Betriebsrat zu. Dies gilt nicht, wenn in der Gesamtbetriebsvereinbarung dem Betriebsrat eigene Rechte eingeräumt werden.[35]

d. Durchsetzung von Feststellungsansprüchen

Einen Feststellungsanspruch hat der Betriebsrat zur Feststellung eines bestimmten Rechtsverhältnisses. Besteht Streit zwischen Betriebsrat und Arbeitgeber, ob in einer bestimmten Angelegenheit ein Mitbestimmungsrecht besteht, kann jede Partei Feststellung beantragen, dass ein Mitbestimmungsrecht besteht bzw. nicht besteht.

Beispiel 1:
Der Arbeitgeber verbietet es, Haustiere in den Betrieb mitzubringen. Der Betriebsrat vertritt die Auffassung, dass er hierbei ein Mitbestimmungsrecht nach § 87 Abs. 1 Nr. 1 BetrVG hat. Der Betriebsrat könnte dann folgen-

---

34 BAG 18.5.2010 – 1 ABR 6/09.
35 BAG 18.5.2010 – 1 ABR 6/09.

des beantragen: »Es wird festgestellt, dass dem Betriebsrat hinsichtlich der Anweisung des Arbeitgebers, Haustiere nicht mit in den Betrieb zu bringen, ein Mitbestimmungsrecht zusteht.«

Wenn bereits höchstrichterlich ein Mitbestimmungsrecht festgestellt wurde, bedarf es dieses Antrags nicht mehr, dann kommt der Unterlassungsantrag in Betracht. !

e. Zustimmungsersetzungsverfahren/Vorläufige personelle Maßnahmen/Aufhebung der Maßnahme

§ 99 BetrVG

Der Betriebsrat hat bei personellen Einzelmaßnahmen (z. B. Einstellung, Eingruppierung, Versetzung) ein Zustimmungsverweigerungsrecht (§ 99 BetrVG). Verweigert der Betriebsrat die **Zustimmung**, muss der Arbeitgeber sich die fehlende Zustimmung des Betriebsrats durch das Arbeitsgericht **ersetzten lassen** (§ 99 Abs. 4 BetrVG). Dies gilt nur, wenn er nicht von der geplanten Maßnahme Abstand nimmt.

§ 100 BetrVG

Falls es aus sachlichen Gründen dringend erforderlich ist, darf der Arbeitgeber die personelle Maßnahme **vorläufig durchführen** (§ 100 BetrVG). Hierzu muss er den Betriebsrat separat anhören und dem Betriebsrat die Gründe für die Dringlichkeit der Maßnahme mitteilen. Sieht der Betriebsrat die Dringlichkeit nicht als gegeben an und teilt er dies dem Arbeitgeber unverzüglich mit, muss der Arbeitgeber innerhalb von 3 Tagen ein Gerichtsverfahren einleiten, um die fehlende Zustimmung des Betriebsrats ersetzen und die Dringlichkeit der Maßnahme feststellen zu lassen.

Begriffserklärung:
Unverzüglich bedeutet ohne schuldhaftes Zögern, es bedeutet aber nicht sofort. Die notwendige Zeit, um die Angelegenheit in einer Sitzung zu besprechen und eine ordnungsgemäße Beschlussfassung herbeizuführen, ist selbstverständlich zu berücksichtigen. Eine Antwort des Betriebsrats kann der Arbeitgeber nach 3 bis 7 Tagen erwarten. Eventuell muss eine zusätzliche Sitzung einberufen werden.

Wenn alles richtig läuft, muss der Betriebsrat also nur warten, bis er Post vom Gericht bekommt. Er bekommt dann eine Ladung zum Gütetermin und die Antragsschrift des Arbeitgebers.

Ablaufschema bei Einstellung und Versetzung auf Seite 68

Hinweis:
Der Betriebsrat hat das Recht, sich vor Gericht vertreten zu lassen. Er muss in diesem Fall einen Beschluss fassen, dass er einen Anwalt beauftragt, seine Interessen vor dem Arbeitsgericht in dieser Angelegenheit zu vertreten.

Beispiel:
»Betreff: Zustimmungsersetzungsverfahren des Arbeitgebers wegen der Einstellung von XY, Aktenzeichen …
Der Betriebsrat beschließt, das Anwaltsbüro (Name, Adresse) mit der Vertretung in dem obengenannten Verfahren zu beauftragen.
Abstimmungsergebnis: …«

Der Betriebsrat sollte unbedingt zügig den Anwalt informieren und ihm die Antragsschrift und die Ladung umgehend zuschicken. Der Gütetermin wird meist kurzfristig festgesetzt.

§ 101 BetrVG

Leitet der Arbeitgeber kein Verfahren ein, muss der Betriebsrat die Initiative ergreifen. Der Betriebsrat hat dann die Möglichkeit, ein Verfahren nach § 101 BetrVG zu führen, um vom Arbeitgeber die **Aufhebung der personellen Maßnahme** unter namentlicher Nennung des betroffenen Arbeitnehmers zu verlangen.

Hinweis:
Viele Betriebsräte scheuen sich, ein solches Verfahren einzuleiten, weil damit einhergeht, dass der Betriebsrat aktiv gegen den Arbeitgeber vorgehen muss. Arbeitgeber argumentieren in solchen Situationen gerne, dass der Betriebsrat gegen einzelne Kollegen vorgeht. Dies ist jedoch nicht richtig. Richtig ist: Der Arbeitgeber verstößt gegen Gesetze, die er einzuhalten hat.

Der Betriebsrat wird vom Arbeitgeber nicht mehr ernst genommen, wenn er zwar einer personellen Maßnahme widerspricht, es dann aber duldet, dass eine rechtliche Klärung nicht herbeigeführt wird.

f. Den Arbeitgeber zu etwas verpflichten

Besteht zwischen Arbeitgeber und Betriebsrat Streit darüber, ob Betriebsratsmitglieder eine bestimmte Schulung besuchen können und der Arbeitgeber hierfür die Kosten zu tragen hat, kann der Arbeitgeber durch Gerichtsentscheidung verpflichtet werden, die Kosten der Schulung zu tragen und die Betriebsratsmitglieder durch für die Zeit der Schulung unter Fortzahlung der Vergütung freizustellen

Aus Zeitgründen kann eine Entscheidung im normalen Beschlussverfahren nicht durchgesetzt werden, weil die Schulung dann schon vorbei ist. Deshalb ist im Vorfeld auch eine einstweilige Verfügung möglich.[36]

Hinweis:
Eine einstweilige Verfügung sollte nur gewählt werden, wenn der Verfügungsanspruch für die Schulung eindeutig aufgrund der bisherigen Rechtsprechung bejaht wurde. Dies gilt auf jeden Fall für Grundlagenschulungen im Betriebsverfassungsrecht und im Individualarbeitsrecht. Bei Spezialschulungen wird es im einstweiligen Verfügungsverfahren regelmäßig schwierig, da mit der einstweiligen Verfügung das Hauptsacheverfahren (Beschlussverfahren) vorweggenommen wird.

36 LAG Hessen 25.8.2025 – 16 TaBVGa 83/25.

Anhang 1
Checkliste zum systematischen Vorgehen bei der Durchsetzung von Rechten

1. Problem konkret erfassen	• Sachverhalt genau beschreiben und sich ein Bild über die betriebliche Situation machen. • Stärken und Schwachstellen des Betriebsrats berücksichtigen.
2. Informationen sammeln und auswerten	• Welche Informationen haben wir? • Welche Informationen brauchen wir noch? • Wer besorgt die Informationen von wem?
3. Ziele festlegen	• Kurzfristige Ziele? • Langfristige Ziele?
4. Auswirkungen von unterschiedlichen Handlungsmöglichkeiten beurteilen	• Wer ist betroffen (positiv/negativ)? • Auf wen hat es welche Auswirkungen?
5. Forderungen aufstellen	• Schwerpunkte festlegen • Kompromisse durchdenken

6. Handlungsmöglichkeiten prüfen	• Rechtliche Möglichkeiten:
	  • Gesetze
	  • Rechtsprechung
	  • Rechte des Betriebsrats
	  • Möglichkeiten im Falle der Nichteinigung
	• Politische Möglichkeiten:
	  • Betriebliche und gewerkschaftliche Möglichkeiten
	  • Öffentlichkeitsarbeit im Betrieb

7. Durchsetzungschancen prüfen	• Überlegung, welche Handlungsmöglichkeiten es gibt und Bewertung der Erfolgschancen • Entscheidung, welche Handlungsmöglichkeit verwendet wird • Beschlussfassung als Rechtsgrundlage des Betriebsratshandelns
8. Arbeits- und Handlungsplan erarbeiten	• Aufstellung eines konkreten Arbeits- und Handlungsplans • Festlegung der Aufträge und Aufgabenverteilung • Eigene Fristen setzen
9. Fortschritte kontrollieren und bewerten	• Überprüfen, ob alle besprochenen Aufgaben erledigt werden • Fortschritte kontrollieren
10. Ergebnisse bewerten	• Verhandlungsergebnis bewerten • ggf. Belegschaft informieren • Durchführung von Betriebsvereinbarungen überwachen

Anhang 2
Informationsverlangen über Beschäftigte von Fremdfirmen

Information über allgemeine Angaben über freie Mitarbeiter, Leiharbeitnehmer und Beschäftigte von Fremdfirmen

An die Geschäftsleitung

Sehr geehrte Damen und Herren,

der Betriebsrat hat nach § 80 Abs. 1 BetrVG die Verpflichtung, die Einhaltung der zugunsten der Beschäftigten geltenden Gesetze, Verordnungen, Unfallverhütungsvorschriften, Tarifverträge und Betriebsvereinbarungen zu überwachen. Seit längerem arbeiten zusätzlich zu den Arbeitnehmern weitere Beschäftigte im Betrieb. Um überprüfen zu können, ob und inwieweit für diese Beschäftigte Mitbestimmungsrechte in Betracht kommen, bitten wir Sie, dem Betriebsrat eine Gesamtübersicht aller im Betrieb tätigen Beschäftigten getrennt nach freien Mitarbeitern, Leiharbeitnehmern und Beschäftigten von Fremdfirmen vorzulegen. Darüber hinaus bitten wir um Überlassung der dieser Beschäftigung zugrunde liegenden Verträge.

Wir erwarten ihre Rückmeldung bis zum … *(Datum einfügen)*

Mit freundlichen Grüßen
… *(Unterschrift einfügen)*
Betriebsratsvorsitzende/r

Anhang 3
Hinzuziehung eines Sachverständigen für die Verhandlungen über eine Betriebsvereinbarung zur Gefährdungsbeurteilung

Sehr geehrte Frau … *(Name einfügen),*

der Betriebsrat hat in seiner Sitzung vom … *(Datum einfügen)* beschlossen, einen Sachverständigen für die Verhandlungen zum Abschluss einer Betriebsvereinbarung zur Durchführung der Gefährdungsbeurteilung hinzuzuziehen. Angesichts der Kompliziertheit der Materie kann der Betriebsrat seine gesetzlichen Aufgaben ohne den fachlichen Rat des Sachverständigen nicht ordnungsgemäß wahrnehmen. Es handelt sich um Herrn … *(Name, Firma, Adresse einfügen),* der umfassende Kenntnisse zum Thema Gefährdungsbeurteilung hat.

Herr … *(Name einfügen)* hat einen Tages-/Stundensatz in Höhe von € … *(Betrag einfügen)*

Wir bitten um Zustimmung bis zum … *(Datum einfügen)*

Mit freundlichen Grüßen
… *(Unterschrift einfügen)*
Betriebsratsvorsitzende/r

Anhang 4
Checkliste zu erzwingbaren Einigungsstellen

Regelung im BetrVG	Gegenstand
§ 39 Abs. 1 Satz 2 und 3	Zwischen Arbeitgeber (AG) und Betriebsrat (BR) kommt eine Einigung über Zeit und Ort der Sprechstunde des BR nicht zustande.
§ 47 Abs. 6	Zwischen AG und Gesamtbetriebsrat (GBR) kommt eine Einigung über die Mitgliederzahl im GBR nicht zustande.
§ 55 Abs. 4 i. V. m. § 47 Abs. 6	Zwischen Konzernleitung und Konzernbetriebsrat (KBR) kommt eine Einigung über die Mitgliederzahl im KBR nicht zustande.
§ 69 Satz 2 i. V. m. § 39 Abs. 1	Zwischen AG und BR kommt eine Einigung über Ort und Zeit der Sprechstunde der Jugend- und Auszubildendenvertretung (JAV) nicht zustande.
§ 72 Abs. 6	Zwischen AG und GBR kommt eine Einigung über die Mitgliederzahl der Gesamt-JAV nicht zustande.
§ 85 Abs. 2	Zwischen AG und BR bestehen Meinungsverschiedenheiten über die Berechtigung der Beschwerde eines Arbeitnehmers.
§ 87 Abs. 2	Zwischen AG und BR kommt es zu keiner Einigung über die Regelung einer der in § 87 Abs. 1 aufgezählten mitbestimmungspflichtigen Angelegenheiten.
§ 91 Satz 2	Der BR kann sich mit seiner Forderung nach angemessenen Maßnahmen zur Abwendung, Milderung oder zum Ausgleich der Belastungen der Arbeitnehmer gegenüber dem AG nicht durchsetzen.
§ 94 Abs. 1	Zwischen AG und BR kommt eine Einigung über den Inhalt eines Personalfragebogens nicht zustande.

Regelung im BetrVG	Gegenstand
§ 94 Abs. 2	Zwischen AG und BR kommt eine Einigung über persönliche Angaben in schriftlichen Arbeitsverträgen, die im Betrieb verwendet werden oder über allgemeine Beurteilungsgrundsätze nicht zustande.
§ 95 Abs. 2	In Betrieben mit mehr als 500 Arbeitnehmern kommt eine Einigung zwischen AG und BR über Auswahlrichtlinien nicht zustande.
§ 97 Abs. 2	Zwischen AG und BR kommt eine Einigung über vom AG geplante Maßnahmen zur betrieblichen Berufsbildung nicht zustande.
§ 98 Abs. 4	Zwischen AG und BR kommt eine Einigung über die Durchführung von Maßnahmen der betrieblichen Berufsausbildung oder die vom BR vorgeschlagenen Teilnehmer nicht zustande.
§ 109	AG und BR können sich nicht einigen, ob eine Auskunft über wirtschaftliche Angelegenheiten des Unternehmens entgegen dem Verlangen des WA nicht, nicht rechtzeitig oder nur ungenügend erteilt ist.
§ 112 Abs. 2 und 3	Zwischen AG und BR kommt ein Interessenausgleich über eine geplante Betriebsänderung oder eine Einigung über den Sozialplan nicht zustande.

Anhang 5
Übersicht zur Anrufung der Einigungsstelle

Zwischen Betriebsrat und Arbeitgeber bestehen Meinungsverschiedenheiten

↓

Prüfen, ob ein Mitbestimmungsrecht besteht und ob bei fehlender Einigung zwischen Arbeitgeber und Betriebsrat der Spruch der Einigungsstelle die fehlende Einigung ersetzt.

↓

Ist dies der Fall, wird die Einigungsstelle auf Antrag einer Seite tätig (§ 76 Abs. 5 BetrVG).

↓	↓
Betriebsrat ruft Einigungsstelle an	Arbeitgeber ruft Einigungsstelle an
↓	↓
Betriebsrat muss beschließen, dass die Verhandlungen gescheitert sind und die Einigungsstelle angerufen wird, wer Vorsitzender werden soll, wie viele Beisitzer jede Seite haben soll.	
↓	
Mitteilung an den Arbeitgeber	Mitteilung an den Betriebsrat

Merke:
Kommt keine Einigung über die Person des Vorsitzenden und/oder die Anzahl der Beisitzer zustande, wird die Einigungsstelle durch das Gericht eingesetzt.

Anhang 6
Instanzenmodell

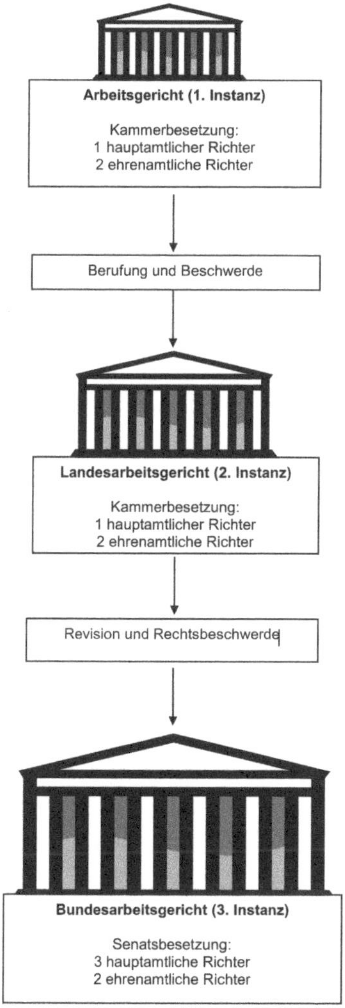

Quelle: Schoof, Betriebsratspraxis von A bis Z, 15. Auflage 2022

Anhang 7
Ablaufschema bei Einstellung und Versetzung

Anhörung des BR nach § 99 BetrVG	►	BR stimmt zu
↓		
BR widerspricht innerhalb der 7-Tage-Frist	►	Arbeitgeber beantragt beim Arbeitsgericht die Zustimmung des Betriebsrats zu ersetzen
↓		
Arbeitgeber informiert über eine vorläufige personelle Maßnahme (EILGRUND)	►	Betriebsrat stimmt der Eilmaßnahme zu
↓		
Betriebsrat widerspricht wegen fehlender Eilbedürftigkeit unverzüglich		
↓		
Arbeitgeber leitet Beschlussverfahren innerhalb von 3 Tagen beim Arbeitsgericht ein	►	Gericht ersetzt Zustimmung
↓		
Gericht ersetzt die Zustimmung nicht, die Maßnahme ist innerhalb von 14 Tagen aufzuheben		

Stichwortverzeichnis

Kompetenz verbindet

Kittner

Arbeits- und Sozialordnung 2026

Gesetze, Einleitungen, Übersichten – inklusive Online-Zugriff auf Inhalte, Gesetze, Rechtsprechung im Volltext
51., neu bearbeitete und aktualisierte Auflage
2026. 1.896 Seiten, kartoniert
€ 50,–
ISBN 978-3-7663-7600-8

Gesetze plus Orientierung und auf neuestem Stand – das ist seit über 50 Jahren die Erfolgsformel des jährlich neu aufgelegten »Kittner«. Einleitungen vor den einzelnen Gesetzen informieren über Entstehung, Entwicklung und Inhalte des Gesetzes und erörtern aktuelle Rechtsfragen. Der »Kittner« ist unerlässlich für alle, die über das gesamte Arbeits- und Sozialrecht auf aktuellem Stand informiert sein müssen.

Ihr Anspruch: »Jedes Betriebsratsmitglied hat ein Recht auf sein eigenes Exemplar in der neuesten Auflage.« (LAG Schleswig-Holstein v. 11.4.1995 – 1 TaBV 4/95, bestätigt durch BAG v. 24.1.1996 – 7 ABR 22/95)

Bund-Verlag